Treinamento em Qualidade

Fator de Sucesso para Desenvolvimento de Hotelaria e Turismo

Treinamento em Qualidade

Fator de Sucesso para Desenvolvimento de Hotelaria e Turismo

PAULO SILAS OZORES FLORES

Bacharel em Administração de Empresas – FMU, São Paulo, 1974
Especialista em Implantação e Administração de Hotéis, Restaurantes e Unidades de Serviços – Faculdade Morumbi, São Paulo, 1975
Mestre em Educação – UNIP, São Paulo, 1998
Doutorando em Educação, Administração e Comunicação – Universidade São Marcos, São Paulo, 2001
Coordenador dos cursos de Hotelaria & Turismo – Universidade São Marcos, São Paulo
Coordenador do curso de Hotelaria – UNIMONTE, Santos
Ministrou aulas: UNIP – São Paulo; UNIBERO – São Paulo; SENAC – São Paulo; SEBRAE – São Paulo; Faculdade Morumbi – São Paulo

ROCA

ISBN: 85-7241-369-3

Dados Internacionais de Catalogação na Publicação (CIP)
(Câmara Brasileira do Livro, SP, Brasil)

Flores, Paulo Silas Ozores
Treinamento em qualidade : fator de sucesso para desenvolvimento de hotelaria e turismo / Paulo Silas Ozores Flores. -- São Paulo : Roca, 2002.

Bibliografia.
ISBN 85-7241-369-3

1. Administração de pessoal 2. Hotéis – Administração 3. Liderança 4. Supervisores 5. Turismo – Administração I. Título.

01-6117 CDD-338.4791

Índices para catálogo sistemático:
1. Administração : Indústria turística : Economia 338.4791
2. Indústria turística : Administração : Economia 338.4791

2002

EDITORA ROCA LTDA.
Rua Dr. Cesário Mota Jr., 73
CEP 01221-020 – São Paulo – SP
Tel.: (11) 221-8609 – FAX: (11) 3331-8653
e-mail: edroca@uol.com.br – www.editoraroca.com.br

Impresso no Brasil
Printed in Brazil

"Quando, pois, dizemos que
o prazer é o nosso objetivo último,
não entendemos com isso os prazeres dos libertinos
nem os que se vinculam ao desfrute material [...]
O prazer que temos em vista
se caracteriza pela ausência de sofrimentos corporais e
perturbações da alma."

(EPICURO)

AGRADECIMENTOS

Primeiramente a DEUS,
por me ter dado saúde física e mental e
a oportunidade de ter nascido em um lar cristão
administrado – exemplarmente –
por meus pais Mario e Zuleica.
Em segundo lugar,
quero agradecer à minha mulher Nair,
– grande estimuladora e companheira
por todos os lugares do mundo por que passamos –
cujas experiências vividas deram origem a este trabalho,
e por ter-me dado três filhos maravilhosos,
– dos quais muito me orgulho –
Daniela, Adriana e Paulo Silas Júnior,
além da minha netinha Larissa, que, mesmo tão pequena,
já tem sido protagonista de algumas façanhas hoteleiras.
Agradeço também ao meu orientador de mestrado
Prof. Dr. Jacques Vigneron
pela dedicação e paciência,
à minha grande incentivadora para
que desenvolvesse este trabalho
Profa. Dra. Marília Gomes dos Reis Ansarah.
E aos meus professores e colegas do Mestrado da UNIP
que contribuíram sobremaneira para o
desenvolvimento deste projeto.
Agradeço a todas as empresas que me deram
oportunidade de trabalhar e de me desenvolver;
aos superiores que tive durante a vida e que
me orientaram e contribuíram
para que eu chegasse ao ponto que cheguei.

Agradeço aos meus colegas de trabalho e subordinados
que vibraram juntos
por ocasião da implantação dos mais audaciosos projetos.
Agradeço aos diretores das universidades que leciono
e, principalmente, aos meus alunos
por terem contribuído com
pesquisas e levantamentos bibliográficos
e para quem ofereço o conteúdo deste trabalho
a fim de ajudá-los a alcançar o
sucesso no mercado turístico.
Obrigado a todos.
Que Deus os abençoe!

PAULO SILAS OZORES FLORES

PREFÁCIO

O Velho Viajante e Mestre Paulo

Este prefácio é o diálogo de um velho viajante e professor orientador com o texto do Professor Mestre Paulo Silas Ozores Flores (Mestre Paulo), especialista em treinamento nos campos da Hotelaria e do Turismo. No discurso do autor, o que me parece mais relevante é a necessidade de formar e treinar, para a qualidade, todo o pessoal implicado nos processos de turismo e, não somente, os executivos. Para reforçar esta visão, contarei uns casos da minha experiência de viajante que ilustram o discurso do Mestre Paulo.

Há uns anos, eu e a minha esposa decidimos passar uns dias de férias na região de Diamantina (MG). Confiando no guia "Quatro Rodas", escolhi para nossa hospedagem o hotel Pousada do Garimpo. Telefonei para fazer as reservas. A qualidade do diálogo com a telefonista foi tal que pensei: "Esta pousada deve ser boa". Dias depois, quando lá chegamos, minha primeira impressão se confirmou. Fomos acolhidos com muita atenção. A recepção colocou-se à nossa disposição para fornecer todas as informações turísticas de que precisávamos para visitar Diamantina e sua região. Sempre que necessitávamos de uma informação, tinha alguém disponível para nos atender. Os quartos eram simples, mas de limpeza impecável. Cacei os grãos de pó e não achei nenhum. Até os vidros da janela tinham a transparência de cristais. No restaurante da pousada, cada noite era um festival da cozinha regional mineira. Descobrimos pratos típicos e suculentos como o "Ora-pro-nóbis".

Passamos, em Diamantina, dez dias maravilhosos. Graças às informações fornecidas pelos funcionários da pousada, aproveitamos as paisagens maravilhosas, as trilhas que levam às cachoeiras cristalinas e às piscinas naturais. Deu até para ouvir os murmúrios do vento. À noite, no restaurante da pousada, degustávamos a comida mineira e, com o "Ora-pro-nóbis", descobrimos novos sabores. Mas qual era o segredo desse paraíso? Não havia segredo. A mágica se chamava formação e treinamento, realizados pela escola do SENAC local, de todo o pessoal da pousada.

Um dia desses, fui convidado para um jantar grã-fino. Alguém estava discursando sobre alguns "resorts" (palavra feia!) recém-inaugurados no litoral da Bahia. Dizia que lá havia piscinas espetaculares, campos de golfe maravilhosos, palácio das mil e uma noites, que o preço era "aquilo"! quer dizer, que o preço selecionava aquela clientela. Mas também alguém espalhou por aí que essas estações balneárias não achavam clientela porque os preços eram elevados demais. Pensei: "O Brasil precisa destes conjuntos turísticos tão sofisticados quando tem tantas belezas naturais?".

Lembrei-me da Pousada do Garimpo de Diamantina. Pensei também na Serra da Canastra no sul de Minas. Dias inesquecíveis passados em Delfinópolis (6.000 habitantes), na Pousada da Regina e no Restaurante da Jerusa. Lá tem até piscinas naturais de água quente. Nem vou falar da culinária. Pensei no canhão do rio Iapó no Paraná, 70 quilômetros de gargantas entre as cidades de Castro e de Tibaji. Chega-se lá pela trilha das vacas.

Mestre Paulo é um especialista do turismo e da hotelaria e eu, seu orientador de mestrado, sou um velho turista que já percorreu uma parte do mundo. A primeira coisa que nos reuniu foi uma grande fidelidade ao real. Comecei este prefácio contando fatos da minha experiência de turista francês no Brasil, apoiado em experiências vividas. O que faz a riqueza do texto do Mestre Paulo é a referência constante à experiência expressa através de vários estudos de casos. O primeiro capítulo, *Posturas sociais*, indica a grande sensibilidade do autor com os problemas encontrados por empregados de baixa renda. Como proporcionar qualidade no setor hoteleiro se a faxineira, a camareira, o recepcionista, o manobrista ou outro não encontram qualidade de vida no seu cotidiano? Acredito que hoje o turismo e a hotelaria de qualidade têm dois grandes desafios: a formação continuada dos recursos humanos e sua qualidade de vida.

Quando viajo, quero atenção e qualidade de vida. Esta exigência é feita de detalhes. Fiel à pedagogia do Mestre Paulo, contarei mais dois casos. Há alguns meses, dava aulas de pós-graduação sobre "Construção da Imagem", na Universidade. Fui hospedado num hotel à beira da praia. Primeiro dia de curso, sexta-feira, as aulas começavam às 18h e iam até às 22h. Às 17h, desci para o restaurante do hotel para tomar um lanche. Na documentação do quarto era explicitado que o restaurante estaria aberto das 17 às 21h. O mesmo aviso estava afixado no elevador. Confiante, fui para lá. Quando cheguei, me avisaram: "Sabe, os funcionários nunca chegam antes das 17h30". Tudo bem! Com educação assinalei o ocorrido para o gerente, pedindo-lhe para mudar o aviso ou abrir na hora marcada. Problema simples? Talvez não! Me hospedei três finais de semana nesse hotel por causa do curso "Construção da Imagem" (Ironia!) e, apesar das minhas observações, nada mudou. Resultado? Quando viajo para esta cidade por conta própria me hospedo em outro hotel.

Bem diferente foi a atitude do Hotel Campanile do Grupo Envergure na França. Estava hospedado no Hotel Campanile Chantepie em Rennes, na Bretanha. Saí de lá numa quinta, mas iria voltar no sábado. No restaurante falei brincando: "Volto sábado à tarde. À noite, gostaria que o prato do dia fosse morcela com purê de maçãs, é uma especialidade da Bretanha!". Viajei e voltei no sábado. Qual foi minha surpresa! O prato do dia era mesmo morcela com purê de maçãs. Este e outros fatos fazem com que hoje eu seja cliente fiel da rede Campanile do Grupo Envergure. Por que isso? Simplesmente porque lá não encontro só o conforto material, mas pessoal muito bem-treinado e atento ao cliente. Resultado: sou fiel e ainda mais, quando viajo para França, levo algumas caixas de chocolate da Garoto para a meninada do Campanile.

Neste prefácio, em que talvez falei muito de mim e pouco do Paulo, gostaria de fechar com a última frase da conclusão do livro

"Cresça, desenvolva sua empresa turística, tenha resultados nunca antes alcançados, invista no *Ser Humano*".

São Paulo, 11 de julho de 2001

Jacques Vigneron

Doutor pela Universidade de Paris VIII. Professor no Programa de Mestrado e Doutorado em Comunicação Social da Universidade Metodista de São Paulo. Conselheiro no Conselho Superior dos Franceses residentes fora da França.

APRESENTAÇÃO

Apresentar este livro, *Treinamento em Qualidade: Fator de Sucesso para Desenvolvimento de Hotelaria e Turismo*, representa grande satisfação, por preencher o vazio existente de obras específicas que tratam temas tão importantes para a administração das empresas turísticas e hoteleiras.

No mercado competitivo atual, um dos maiores desafios para os empresários do turismo é manter o desempenho de sua organização dentro dos padrões de qualidade de um consumidor final cada vez mais exigente e consciente dos seus direitos.

O acirramento da concorrência na disputa da clientela, característica dos tempos atuais, torna crucial a excelência do atendimento transformando-a na razão do crescimento e da própria sobrevivência das organizações.

O mais importante de tudo, no mercado hoteleiro, é que qualidade significa antecipar as necessidades dos hóspedes, pensar à frente para identificar o que o encantará ou desagradará. É importante pensar que a qualidade do serviço é o que dá vantagem competitiva e não o preço. Boa qualidade na prestação de serviços gera consumidores satisfeitos.

O estudo da qualidade do turismo vai desde o produto turístico criado até a qualidade dos serviços oferecidos. Se obtém um bom nível de qualidade quando o turista pôde usufruir integralmente e com satisfação tudo o que havia planejado realizar.

O componente humano é fundamental para o sucesso dos empreendimentos turísticos e somente um profissional qualificado poderá oferecer a eficiência esperada.

> *Em um mundo caracterizado por uma nova ordem econômica internacional, novas tecnologias e forte competitividade..., o profissional de turismo tem de se impor pela competência e pela eficiência.* (TRIGO, 2000)[1]

Este livro, com abordagens para o desenvolvimento de pessoal com qualidade para o mercado turístico e hoteleiro, vem preencher uma lacuna, representando grande contribuição não somente aos estudantes e docentes, mas também aos profissionais que trabalham na área.

O autor Paulo Silas Ozores Flores, com vasta experiência na gerência de treinamento e desenvolvimento de pessoal em respeitadas redes hoteleiras brasileiras, hoje docente em cursos de graduação e pós-graduação em turismo e hotelaria, repassa aos alunos, com entusiasmo, seus sábios conhecimentos e experiências vividas no mercado hoteleiro. Aborda diversos aspectos gerenciais que podem significar sucesso ou fracasso para um empreendimento turístico.

Este livro é também fruto da brilhante dissertação de mestrado que, com muita alegria, fiz parte da banca examinadora, na qual Paulo faz um pequeno relato de sua vida, deixando a seguinte mensagem:

> *Por que escolhi o mercado de serviços? Porque o considero o mais difícil de ser administrado. Exige constante atualização e inovação para se estar no topo. Escolhi o segmento de serviços porque mexe com o fator humano, minha grande paixão. Escolhi hotelaria, turismo e educação porque gosto de desafios!*

Esta é uma obra que certamente ajudará àqueles que, à luz de seus conselhos e pesquisas, possam redirecionar suas condutas. Boa leitura!

Profª Dra. Marilia Gomes dos Reis Ansarah

Bacharel em Turismo, Mestre e Doutora em Turismo
Assessora Pedagógica em Turismo da Universidade Paulista
Assessora Técnica em Planejamento e Marketing Turístico do SENAC-SP
Docente do curso de Pós-graduação em Gestão Estratégica no Turismo – CEAT/FGV-SP
Docente dos cursos de Mestrado em Turismo da UNIBERO-SP, UNIVALI-SC e UESC-BA

[1] Trigo, Luiz Gonzaga Godoi. *A Sociedade pós-industrial e o profissional em turismo,* 4 ed. Campinas: Papirus, 2000, p. 205.

RESUMO

Um dos maiores desafios para os empresários do turismo, nos dias de hoje, é manter o desempenho de sua organização dentro dos padrões de qualidade exigidos por um consumidor final cada vez mais exigente e consciente dos seus direitos. Além de ter de atraí-lo, por inovações mercadológicas, é necessário, também, consolidar a imagem de seu empreendimento, atuando de modo profissional no desempenho das tarefas inerentes à formação do conceito que este mesmo consumidor terá da sua empresa.

Esta formação de imagem passará pela avaliação do desempenho do quadro de funcionários ou, melhor dizendo, quadro de parceiros comerciais, que só atingirá o sucesso econômico se assegurar aos turistas um tratamento impecável no decorrer da negociação dos seus serviços e produtos turísticos.

No primeiro capítulo, são apresentadas algumas posturas sociais observadas pelo autor no decorrer de sua vida profissional que, se fossem interpretadas de outra maneira, poderiam surtir efeito positivo no relacionamento capital–trabalho.

Baseado nos argumentos apresentados no primeiro capítulo, o autor faz uma proposição de mudança paradigmática no segundo capítulo, chamando a atenção para novas posturas que podem ser avaliadas perante o mercado, para uma alteração de rumos, que poderão significar bom desempenho econômico para os empresários do setor turístico. A apresentação de uma proposição para a formação permanente dos envolvidos no processo constitui o ponto alto para combater a concorrência com a mão-de-obra estrangeira. Este capítulo se encerra com uma pesquisa de campo qualitativa, abordando pontos que desgostam os turistas por ocasião de uma viagem.

O terceiro capítulo tece comentários sobre fatos que estão preocupando os empresários, além de analisar novos perfis de consumidores finais como deficientes, jovens e terceira idade.

No quarto capítulo é analisado como o hóspede pode encarar o marketing de serviço oferecido durante o seu ciclo de vivência, bem como de que modo o quadro funcional pode evoluir dentro da hierarquia organizacional.

Na conclusão são abordados diversos aspectos gerenciais que podem significar sucesso ou fracasso para um empreendimento turístico. Por último, o autor apresenta a bibliografia utilizada e deixa um recado para os leitores através de sua história de vida.

INTRODUÇÃO

A vida no planeta Terra mudou sobremaneira nos últimos tempos e estará mudando cada vez mais. A empresa turística que não ousar estará fora do contexto mercadológico. O empresário que não acompanhar as mudanças sistêmicas cada vez menos terá chance de obter sucesso profissional. O sucesso significa alguma coisa de vanguarda, mas que faz parte do passado, e o desenvolvimento do turismo está no caminho oposto: no futuro! Inovar é a palavra-chave.

Para tanto, convido o leitor a fazer uma viagem pelo momento econômico e conjuntural pela rota do turismo brasileiro – no que tange à qualidade – para chegar a um destino almejado que é a consolidação de uma mudança paradigmática que está ocorrendo: viajar aprendendo!

Desde 1974 engajado no processo turístico, minha família e eu temos vivenciado momentos dos mais auspiciosos, que estão retratados nos tópicos deste trabalho. Tenho desenvolvido treinamentos em quase todos os estados brasileiros, o que contribuiu sobremaneira para a formação de uma consciência nacional sobre os mais diversos perfis de empresários do "trade" turístico, de consumidores finais e, principalmente, do nível de mão-de-obra disponível nos mais diferentes mercados de trabalho, levando em conta as diferenças étnicas, culturais e sociais.

Dentro desta postura, analiso os obstáculos epistemológicos, ou seja, a resistência à adoção de um conhecimento científico e os comparo com o empirismo implantado, caracterizado pela observação pura e simplória dos fatos e calcada simplesmente em cima da experiência adquirida. Portanto, lanço um desafio aos hoteleiros – que não têm por hábito treinar seu quadro funcional – para ingressar neste campo fértil em direção ao sucesso e colher os resultados de imediato. Basta observar os grupos hoteleiros que estão desenvolvendo tecnologia de ponta, para confirmar a premissa de que a atenção dada a uma política de treinamento e desenvolvimento de pessoal – traz pronto retorno na qualidade dos serviços prestados a hóspedes e turistas.

Como dar suporte aos hoteleiros nas regiões mais distantes dos grandes centros urbanos? Como preparar a nossa mão-de-obra simples, cabocla e transformá-la em uma mão-de-obra competitiva em nível internacional? Como preparar os instrumentos para lidar com públicos de culturas tão díspares, costumes distintos e regionalizados, e com escolaridade deficiente? Para treinar toda essa massa humana, será que os perfis culturais de Mestres e Doutores serão suficientes para mobilizar toda esta casta da sociedade? E como fazer para enquadrar todos esses colaboradores do processo turístico a fim de adequá-los às novas exigências do mercado internacional?

E a mudança que vem ocorrendo no mercado, que ao lado dos hotéis tradicionais, está abrindo espaço para os "flats", "time sharing", hotéis temáticos, motéis, pousadas, albergues, "spas", sem contar que já se pode morar em ambientes com todo o serviço hoteleiro, como os "residence" ou suítes? Já foi longe o tempo que para usufruir uma estrutura hoteleira era necessário fazer as malas e viajar. Hoje, mora-se com todo o conforto desses serviços. Hoje, trabalha-se com todo o requinte em Trade Center. Hoje, investe-se muito mais nos empreendimentos imobiliários que possuem serviços, que em edifícios tradicionais. Hoje, em viagens, trocam-se unidades habitacionais ao invés de se pagar diárias de hotel. Os navios, trens, aviões oferecem cada vez mais serviços hoteleiros de alta qualidade. Até os antigos pensionatos para pessoas de idade trocaram de nome: hoje, chamam-se ancionatos, com serviços hoteleiros básicos e de lazer, além de contar com infra-estrutura médica. O consumidor mudou substancialmente e continuará a absorver novas maneiras de abordar um mercado cada vez mais exclusivista e inovador.

Portanto, está lançado o propósito para uma mudança paradigmática, pois os hoteleiros, transportadores, agenciadores, operadores de turismo, consultores de organização e estudantes, já estão sentindo, na pele, a necessidade de trabalhar, cada vez mais, para assegurar um nível de retorno financeiro satisfatório e, principalmente, para que suas empresas continuem competitivas em relação à concorrência.

Tenho certeza que, na trajetória deste desafio, as palavras-chave Treinamento & Qualidade terão conotação primordial. Tenho certeza, também, que a adequada utilização dos seus recursos quer sejam humanos, operacionais, financeiros ou mercadológicos, além de posturas organizacionais de vanguarda, serão fatores preponderantes para atingir a excelência na qualidade e, conseqüentemente, o sucesso empresarial.

A chamada para embarque já foi anunciada pelo sistema de som! Embarque com confiança nesta viagem pela análise da qualidade de seus serviços. Tire suas conclusões, discuta-as com seus companheiros, conteste os modelos apresentados, mude as proposições enunciadas, pois só por este método estaremos consolidando o desenvolvimento do turismo brasileiro.

Boa viagem!

ÍNDICE

Capítulo 1

POSTURAS SOCIAIS

Viajar é bom! Reanima, descontrai, renova forças, desperta o lúdico, aproxima as pessoas, muda as expressões faciais compenetradas e sisudas, libera o espírito, cria devaneios. As cores têm mais vida, viver tem mais graça, as coisas simples passam a ter significado, o diferente atrai, partir é um desejo esperado, retornar significa sentir saudades.

Depois de algum tempo sem férias, que bom acordar – não importa a hora – e pensar:

> *"O que tenho de compromisso hoje? Nada! não tenho nada que fazer da velha rotina! Que, aliás, ficou em casa. Não teve espaço para ela na bagagem. Pagaria excesso de peso! Tudo novo! Coisas diferentes! Que horas são? Não interessa! Aposentei o relógio. Meu relógio será o sol, a sombra. Vou fazer o que? O que me der na cabeça. Dormir, dormir... comer, comer... amar, amar, amar... sorrir, sorrir, sorrir... passear por todos os lados... divertir-me até altas horas da noite... aprender novos hábitos e costumes... conhecer um pouco da cultura das localidades visitadas... inteirar-me da história local... obter dados econômicos e geográficos... filmar tudo que é novi-*

dade... fotografar locais pitorescos... gravar sons da natureza... conhecer novas pessoas... apaixonar-me... não ter vontade de voltar para casa... vontade de vender tudo o que tenho e mudar-me para lá... respirar novos ares... imaginar uma nova vida... E o corpo no retorno? Um bagaço. As forças mentais refeitas e a cabeça: Zero quilômetro. Em suma, o que ocorreu neste período foi uma verdadeira indústria do sorriso!"

1. Empregados desenquadrados

E do lado dos empregados do hotel como estarão os ânimos? O relógio bate 23 horas. Após assistir ao seu programa de televisão favorito no seu dia de folga, entre rápidas cochiladas, para alguns vem a dura e cruel realidade: vou dormir porque preciso trabalhar amanhã! trabalhar amanhã? Encontrar aquela recepção cheia de hóspedes novamente, aquele monte de correspondências para expedir, fazer "check-in" de três grupos, preparar uma convenção internacional ou aquela pilha de pratos para esterilizar. Primeira noite de insônia da semana! Dormem mal, mexem e remexem na cama!

Quando toca o despertador dão um tapa no coitado que vai longe. Sempre chegam atrasados, pois não levam a sério o moral de horário e passam a vida inteira com uma diferença de 15 minutos. Em todos os compromissos assumidos sempre estão 15 minutos atrasados. Entram na mesma roupa que estavam usando ontem, não se higienizam adequadamente, tomam um suco de limão puro e vão trabalhar mal-humorados. Discutem com o cobrador do ônibus, xingam o motorista, assustam gatos, chutam cachorros, não dão bom-dia para ninguém quando chegam ao hotel. Será que, por um passe de mágica, indivíduos com tal estado de ânimo ao se defrontarem com um hóspede tornar-se-ão educados, corteses, dóceis e amáveis? Indiscutivelmente, a resposta é NÃO. O seu mau-humor contagiará outros colegas de trabalho e o clima organizacional estará seriamente comprometido. Fracasso, descaso, falta de habilidade para se relacionar com qualquer tipo de pessoa. Caos total!

E o hóspede que imaginou uma viagem sem mácula, perfeita, sonhadora, inesquecível como se sentirá ao se defrontar com funcionários desta estirpe? Ficará decepcionado. Retornará a este hotel? Só se for louco ou este for o único hotel da cidade. E a imagem da cidade? Ficará seriamente comprometida, pois existe uma associação direta entre a microregião onde está localizado o hotel e o município, ou seja, se o hóspede não gostou do hotel, já é um primeiro passo para difamar o município: "Que droga de hotel que esta cidade tem!" Se mais algum serviço de apoio ao turista na cidade der errado – um restaurante deficiente, falta de segurança pública – já constitui uma avaliação mais ampla: "Que droga que é esta cidade. Vamos embora!"

Todo este mal causado pela inabilidade de empregados despreparados para executar suas funções. Empregados com tais atitudes tiram o estímulo dos demais colegas de trabalho; não raras vezes são vistos criticando as políticas promocionais da empresa e, principalmente, reclamando do salário. Não se desenvolvem intelectualmente, pois se acham bons demais e murmuram que – pelo pouco que ganham – acham que já fazem muito! Não crescem na empresa; e terão muita sorte se forem mantidos no quadro funcional. Deve se lembrar aos que se comportam assim de que não existem organizações injustas, mas existem pessoas injustas que as administram; basta trocá-las por profissionais competentes ou conscientizá-los dos novos valores organizacionais para que a empresa passe a ter uma nova imagem perante clientes, empregados e fornecedores. Mas o pior de tudo é que estão ocupando o lugar de profissionais que, nas suas circunstâncias de trabalho, estariam felizes da vida, contribuindo de modo positivo para o desenvolvimento do empreendimento hoteleiro.

O Brasil tem vocação natural para o turismo e poderá se transformar em excelente pólo receptivo, basta que esteja preparado para desempenhar tal postura com destreza e qualidade. Os novos consumidores de serviços turísticos estão mais conscientes do que querem e não se contentam com serviços executados sem esmero e qualificação. Não confundir qualidade com luxo! Qualidade está ligada à satisfação total do consumidor. Se as empresas turísticas não se conscientizarem da necessidade de mudar algumas posturas para contribuir para a satisfação das pessoas, sejam elas clientes, empregados e acionistas, e implantá-las de modo efetivo, estarão correndo o risco de ficar fora deste novo mercado mais exigente e competitivo.

2. Chefias desenquadradas

"Num certo sentido, todos os estilos de gerência provêm da personalidade e do comportamento. A maneira como reagimos a situações e a pessoas problemáticas está baseada, em larga medida, no tipo de pessoa que somos. Mesmo assim, todos nós possuímos a capacidade de mudar nosso estilo de gerência e de passar a lidar com mais eficácia com nossos chefes, colegas e subordinados."
ROBERT C. BENFARI (1996)

Tome como exemplo um segundo tipo de empregados do hotel – com atitudes diferentes do primeiro. Na noite anterior do retorno ao trabalho, deitam-se compenetrados sobre o que deverão realizar no dia seguinte. Após esta breve recapitulação mental deitam-se; depois de uma oração de agradecimento a Deus, repousam profundamente. Cinco minutos antes de tocar o despertador já estão acordados, dão um beijo na esposa – um só senão podem perder a hora – tomam um bom banho, barbeiam-se, vestem uma roupa limpa, tomam seu desjejum, pedem a Deus que os acompanhe e que guarde sua família, fazem um afano no gato, uma carícia no cachorro, dão bom-dia para o motorista do ônibus, facilitam o troco para o cobrador, brincam com o porteiro do Hotel, chegam em seus setores de trabalho e dizem eufóricos: "Bom-dia chefe!". E o chefe, carrancudo, responde entre os dentes: "Bom-dia por quê? Só por que está sol? Passe-me logo o serviço!"

Qual será a atitude deste segundo grupo de empregados ao se relacionar com os hóspedes? Gostam do que fazem, são dedicados, só que são mal supervisionados. Obviamente, o mau-humor do chefe refletirá no desempenho das tarefas dos empregados, pois foram podados logo no início do expediente. Quem tiver a infelicidade de ter uma chefia com tal postura, não deve se abater, pois só piorará as coisas; deve fazer suas tarefas da melhor forma possível. Ter a convicção íntima de que está sendo profissional, apesar de tudo, principalmente se amar profundamente a profissão escolhida. Não há coisa que cause maior desgaste no ser humano que agüentar pressão e cara feia de chefias e colegas de trabalho. Uma frase irônica acaba com um empregado, um olhar desaprovador desmotiva e cria um bloqueio no trabalho e o silêncio mata!

Pode-se afirmar que quando a pessoa faz o que gosta, tudo se torna mais fácil. As atitudes mentais são positivas e as dificuldades encaradas com naturalidade, pois fazem parte do dia-a-dia da sua profissão e devem ser superados por suas habilidades sensoriais. Dizem que quando se faz o que se gosta, faz-se até sem preocupação de retorno financeiro. Só que esta postura positiva incomoda muita gente. Quantos empresários estão presos nas mãos de contadores ou gerentes inescrupulosos que, por dominarem situações adversas, os intimidam e ameaçam?

Para que a postura inadequada de chefias despreparadas não traumatize o relacionamento – principalmente dos chefes que gostam de levar vantagem em tudo – os empregados devem, ao experimentar quaisquer insucessos, se lembrar dos seus dias de glória e apogeu; e, quando estiverem experimentando dias de glória e apogeu, lembrar-se de que tiveram dias de insucessos e fracassos para não se envaidecerem demais ou virem instalada a soberba e a arrogância, que juntas podem criar uma barreira ao desenvolvimento pessoal.

3. Limitações

Cada um deve conhecer e saber conviver com suas próprias limitações. Não se pode forçar a natureza; cada ser humano tem uma aptidão e uma tendência profissional. Tudo tem um tempo certo. Uma empresa tem o seu ritmo de evolução. Assimilar uma nova cultura sem estar preparado para tal pode causar um grande desgaste para o consultor ou profissional que está propondo as mudanças. Às vezes a melhor alternativa é parar. Dar um tempo, senão corre o risco de um enfarte ou um derrame e a empresa põe outro no lugar e vira-se passado. E os comentários internos costumam ser "... lembra, no tempo de fulano...". Sofre-se um desgosto e a vida da empresa continua. Quem é bom, outra empresa dará valor!

Muitos sofrem desgaste e caem de produção, porque ficaram em segundo lugar numa competição interna. Nota-se isso com equipes esportivas nas quais a cobrança pelo primeiro lugar é violenta e o segundo lugar pode significar depressão, desgosto. Não se está fazendo apologia contra os primeiros colocados, mas levantando o moral dos que, por não serem os primeiros, entram em depressão.

Por outro lado, os que estão no auge da suas carreiras têm o ego constantemente valorizado e fazem de tudo para não cair em depressão. Pois, se a depressão for instalada, pode ser criada uma barreira seríssima ao desenvolvimento pessoal, gerando, por exemplo, um medo de o empregado expor suas idéias. Os empregados passam a se esconder na empresa, com medo de errar também não acertam.

3.1 Caso I – Cliente tirando proveito do mau relacionamento

Os clientes percebem a linha fina que existe no relacionamento entre chefias e subordinados. De certa feita, um hóspede percebeu o clima hostil entre o chefe da recepção e o recepcionista noturno e tirou proveito disso. Pediu ao recepcionista para que o acordasse às 4h30, pois precisava embarcar às 6h30. O recepcionista anotou o pedido, "Wake-up Call Control" e, como prometido, tocou-lhe o telefone às 4h30. Só que o hóspede levantou o fone do gancho, agradeceu e pegou no sono novamente. Quando acordou, eram 7h15, havia perdido o vôo. Como tinha notado certa desavença do recepcionista noturno com o seu chefe, prevalecendo desta observação, informou ao chefe da recepção que não tinha sido acordado e queria receber como indenização o preço da passagem aérea. O recepcionista noturno teve a sorte de contar com o bilhetador da central telefônica que acusou a chamada e o tempo de duração da ligação, senão, teria de pagar do seu salário o preço da passagem.

4. Sucesso

Para obter sucesso, uma das primeiras coisas a ser posta em prática é esquecer o passado. Botar uma pedra em cima! Deletar tudo aquilo que possa gerar traumas. Viver no passado é como descer a serra por uma estrada olhando pelo retrovisor. Na primeira curva termina a viagem terrena! Usar o passado como referência para não errar no futuro é saudável. Mas viver constantemente no passado é tortura e dá lugar à depressão. Usar o retrovisor de um veículo para dar segurança em uma ultrapassagem é válido e prudente. Guiar olhando mais para trás que para a frente é sinônimo de colisão.

Para quem faz o que gosta, geralmente, o sucesso é uma questão de tempo, pois aquela atividade está incorporada no seu modo de ser. Busca sempre uma nova oportunidade de superar-se como fator de auto-realização. Está sempre buscando um modo de fazer o cotidiano diferente e mais racional. Não deixa o serviço cair na monotonia da rotina. Está sempre inovando pois está ciente de que não existe fim para o processo de melhoria.

Está sempre com um sorriso nos lábios. Dá-se um alerta, para quem tem dificuldade de sorrir: não trabalhe em Hotelaria e Turismo. O turista não quer saber se o empregado não gosta do que faz, se não é bem-supervisionado, se ganha pouco, se está ou tem alguém doente em casa. O turista exige que o serviço seja bem-feito, com um sorriso sincero e constante, dedicação ao extremo, pois se aquele hotel não agir deste modo, outro agirá. Se um outro hotel, também, não o atender corretamente, o turista riscará do seu roteiro aquela cidade e divulgará suas experiências negativas com muito mais ênfase que as positivas. O sorriso é saudável e atrai bons clientes. Já a gargalhada está associada ao deboche e deve ser riscada da lista de posturas dos profissionais de turismo.

Poucas pessoas podem chegar ao sucesso pelo lado mau da vida. São os poetas, músicos e compositores, artistas que, ao exporem suas dores de cotovelo, traições e lamúrias, conseguirão comover um público que se identificará com seus problemas. Por terem explicitado de modo convincente suas angústias, fazem enorme sucesso com um público que se identifica com os queixumes apresentados.

"As pessoas dizem muito isso: eu sou assim. Outro dia perguntei a um sujeito: Por quê você é tão mal-humorado? E ele me disse: É de família. Ora, tenha dó!"
LUIZ ALMEIDA MARINS FILHO (1997)

Não pode ser o caso dos profissionais de turismo que têm de estar sempre com astral elevado, combatendo esse tipo de postura dentre seus colegas e clientes, para que uma viagem tenha sucesso.

Quando se atende hóspedes do próprio país, pode-se ter, no futuro, uma nova oportunidade de corrigir falhas de atendimento. Agora, quando se trabalha com hóspedes internacionais, a situação fica muito difícil, pois as correntes turísticas internacionais, geralmente, passam uma vez por determinada cidade, tirando-se – como exceção – as cidades de conexão. Para tanto o processo de qualidade começa e termina com a educação dos profissionais envolvidos no ciclo de satisfação de turista. Portanto, *tem-se uma única chance para causar uma boa primeira impressão!*

O turista ao percorrer a Av. São Luiz, em São Paulo, encontrará os mesmos vôos, hotéis, pacotes turísticos, traslados, "city-tours" em várias agências de turismo. O que fará a diferença marcante será atendimento, cortesia e atenção dada aos clientes pelos atendentes. Quem dispor, em seu quadro funcional, de profissionais capacitados para sugerir roteiros com o intuito de realizar os *sonhos* de seus clientes terá maior probabilidade de sucesso nas vendas. A palavra de ordem, que até algum tempo era *previsibilidade*, em que tudo era obedecido dentro de padrões rígidos, hoje o enfoque tem como palavra-chave *competitividade*, ou seja, é preciso inovar constantemente para acompanhar as mudanças do mercado. A venda deve ser um desafio à capacidade de persuasão e, como tal, deve dar enorme orgulho quando for consumada.

Um dos objetivos deste estudo é ressaltar como o perfeito e adequado treinamento de uma equipe de trabalho pode trazer benefícios para o cliente, para os empregados ou melhor dizendo *parceiros* e, por conseqüência, para o empresário do setor turístico. Outro objetivo é alertar o empresário de que deve voltar a organização de sua empresa para o mercado consumidor, estar atento às novidades do seu segmento, para não ficar desatualizado e defasado tentado vender o que o consumidor final não que comprar.

Parece simples desenvolver uma mentalidade voltada para a qualidade. Mas não é fácil, pois implica mudança cultural do mercado que questiona: "Por que uma dinâmica ou teoria que deu certo até hoje não poderá ser eternizada?" O mercado exige constante inovação e desenvolvimento de posturas voltadas para qualidade e satisfação total dos clientes e quem não acompanhar esta onda ficará do lado de fora do mercado. O mercado exige, também, uma preocupação constante com o lado humano, pois os conflitos sociais são gritantes. A maior parte do quadro-de-pessoal não leva para casa, no final mês, o que muitos hotéis cobram por uma diária! Tem-se de selecionar e fazer muito bem a cabeça dos empregados para não sofrer conseqüências desastrosas.

5. Conflitos sociais

5.1 – Caso II – Arrumadeira

Imagine uma arrumadeira que levantou às 4h30, preparou algum alimento para os seus filhos, que ficaram sozinhos em casa ou aos cuidados de algum parente ou vizinho, tomou duas ou três conduções para chegar às 7h30 no hotel. Tem como tarefa diária higienizar cerca de 16 unidades habitacionais. Às 10h da manhã os hóspedes ainda estão dormindo, ou saindo para tomar o café em um hotel de lazer. Ao começar a arrumação, observa que a hóspede tem um vestido mais bonito que o outro, perfumes e cremes caros que realçam e conservam sua beleza. Olha o console, jóias e acessórios de fino bom gosto. Tem de ter uma cabeça muito bem-trabalhada pela área de Recursos Humanos, para vencer a tentação de se apropriar de um simples anel, pelas diferenças sociais existentes.

5.2 – Caso III – Garçom

Imagine um garçom montando um bufê com cerca de quarenta tipos de alimentos e bebidas, uma travessa mais apetitosa que a outra, e ele está com fome. Não se alimentou em casa e nem o hotel lhe forneceu refeição ao chegar. Muito provavelmente, numa hora em que não estejam olhando, pegará uma fatia de presunto e colocará na boca, mesmo sabendo que poderá ser punido.

5.3 – Caso IV – Técnico em refrigeração

Certa vez, numa empresa hoteleira, um técnico de refrigeração passou por todos os trâmites de seleção até que chegou o dia de sua admissão. Integração pela manhã, macacão com todos os EPI

(Equipamentos de Proteção Individual) necessários ao bom desempenho de sua função, conheceu seus colegas, bancada de trabalho e outros procedimentos normais, até que chegou a hora do almoço. Foi para o refeitório com os colegas do setor, colocou em sua bandeja o que quis de alimentos e sentou-se à mesa para se alimentar. Enquanto todos os demais colegas estavam alegres, contando casos e se alimentando, ele estava parado, atônito, engolindo seco e quando os colegas lhe perguntaram por que não estava comendo, ele comentou que não conseguia dar uma garfada naqueles alimentos, pois sabia que naquela hora, naquele momento, em sua casa, a sua mulher e seus filhos não tinham um grão de cereal para se alimentar. Começou a chorar copiosamente. Foi atendido de imediato pela psicóloga do hotel e só se acalmou e se alimentou quando ficou sabendo que, naquele momento, a Assistente Social estava levando uma cesta básica para suprir as necessidades de sua família. Isto acontece por este nosso Brasil a fora a todo instante!

6. Dificuldade de estágios

Outra preocupação do autor prende-se ao fato de que com tantos estudantes formados em escolas de turismo e hotelaria, hotéis, agências, secretarias de turismo não os aproveitam de modo conveniente. Muitas escolas lutam com muitas dificuldades para conseguir o estágio curricular exigido para os formandos e não conseguem o êxito devido. Os empresários preferem inchar seus quadros funcionais com mão-de-obra destreinada e têm a coragem de entregar os investimentos feitos para montar suas empresas nas mãos de pessoas sem o devido preparo e, por conseqüência, ficam se lamentando da sua sorte. Para obter sucesso na empreitada é primordial a *qualidade* da mão-de-obra adequada às políticas internas da empresa. *Quantidade* de empregados não é sinônimo de bons serviços, a *qualidade* é garantia de sucesso para o empreendimento.

Francisco Diniz[1], quando questionado sobre o assunto, explicou que:

"As primeiras turmas de turismo recebiam formação que os preparava – teoricamente – para atuar em organismo oficiais de turismo, mais que para atender clientes no balcão de uma agência de turismo. Isto criou, na época, uma barreira entre o pessoal formado pelas escolas e as agências. Hoje em dia, isto não ocorre mais, em função dos currículos terem sido mudados e as universidades terem montado agências-modelo em suas dependências. Ainda existem alguns restolhos, mas nada supera a experiência associada à técnica."

Dr. Nelson de Abreu Pinto, Presidente da Confederação Nacional do Turismo – CNTur, da Associação Brasileira de Gastronomia, Hospitalidade e Turismo – ABRESI e proprietário do restaurante Villa Tavola em São Paulo, no decorrer do XIV Congresso Brasileiro de Gastronomia, Hospitalidade e Turismo, em 22 de junho de 2001, sensibilizou-se pela interferência solicitada pelo autor deste trabalho – durante a apresentação do tema: *Treinamento e Desenvolvimento de Talentos.* Alertou, apenas, que os estagiários encarem a prática operacional como oportunidade de desenvolvimento e aplicabilidade das teorias aprendidas nas Universidades, mas deverão estar conscientes de que estarão sujeitos a horários e serviços necessários ao perfeito atendimento dos clientes.

Muitos estagiários colocam uma barreira muito grande para o cumprimento dos horários, encaram tal atividade como um mal necessário, não tirando o proveito real do que se objetiva com a prática operacional. Em função de tais posturas, muitos empresários se recusam a conceder espaço em seus empreendimentos, por acharem que terão mais dores de cabeça que benefícios.

---

[1] Diniz, Francisco. Empresário de Santos do segmento de Agência de Viagens. Entrevista concedida em janeiro de 1998.

Portanto, fica aqui um apelo aos Coordenadores de Estágios das Universidades, que preparem seus alunos antes de colocá-los na linha de frente de uma empresa. Orientem, também as empresas, em como direcionar os tópicos do estágio. Estagiário não é um empregado barato para fazer as coisas mais insignificantes e sem criatividade. O estagiário deve ter, também, habilidade de se comunicar com seus parceiros, sem prepotência – por ser Universitário; isso pode criar uma barreira muito grande para se atingir os objetivos pretendidos. A responsabilidade é muito grande, tanto para o empresário que está concedendo a oportunidade para o desenvolvimento dos trabalhos, quanto para a Instituição de Ensino que poderá causar má-impressão ao mercado se não der a atenção que o assunto merece.

Faz-se necessário que o estudante que está tendo a oportunidade de estagiar, encare tal fato com muita responsabilidade, pois é a consolidação e a consumação de todo um processo educacional que lhe foi repassado. Ninguém obrigou o estudante a seguir esta bela carreira, só que o sucesso não acontece por decreto e muito menos de modo mágico e instantâneo. Faz-se necessária muita garra e determinismo pessoal. Muitos se desmotivam e alegam que a empresa que lhe concedeu o estágio não executa as funções operacionais e controles, conforme ele aprendeu nos bancos escolares, generaliza, então, que a escola o ensinou tudo errado!

Esta postura é muito comum, pois não existe escola, mestre ou livro que tenha a capacidade de prever todas as variáveis possíveis para um mesmo assunto. Por esse motivo, a Universidade não se preocupa em apenas ensinar sistemáticas operacionais – que a todo instante mudam em função evolução de teorias e equipamentos, mas também em ensinar fundamentos filosóficos, organizacionais e comportamentais. Quando o estagiário encontrar alguma forma diferente da que aprendeu, deve refletir:

> *Esta nova sistemática é diferente da que aprendi? Sim, que bom, vou ter a oportunidade de aprender coisas novas ou vou ter a oportunidade de testar os meus conhecimentos, sugerindo novos modos executar as atividades atuais.*

O empresário que receber uma contribuição positiva do estagiário, com toda certeza, reconhecerá o seu esforço e irá recompensá-lo de modo conveniente, pois não perderá esta rara oportunidade de enriquecer seu quadro funcional. Quem tem valor não precisa se preocupar: os empregos não precisarão ser solicitados, pois serão oferecidos.

Pode-se afirmar que bons serviços, correto atendimento e educação do quadro funcional constituem-se no trinômio para não deixar cair o padrão de um empreendimento turístico. Muitas empresas ainda não incorporaram qualidade aos seus produtos, por falta de sistematização de seus procedimentos operacionais. Estão errando sempre na mesma coisa e, conseqüentemente, perdendo posições perante o mercado. Ao passo que outras erram, mas cada vez menos e erram coisas diferentes!

Um momento de reflexão para o estudante que não dá o devido valor às práticas operacionais e aos estágios curriculares: Você teria coragem de submeter-se a uma cirurgia, por mais banal que fosse, com um médico recém-formado e que não tenha prática cirúrgica, que se basearia apenas nos conceitos decorados ou aprendidos em sala de aula? A resposta, que se espera é um NÃO. Por que, no caso de Hotelaria e Turismo, muitos pensam que apenas o diploma é suficiente?

Muitas vezes, o estágio tem a grande função de orientar o estudante para que tipo de atividade tem mais aptidão. Continuando o exemplo da carreira médica, todo estudante de medicina tem uma formação genérica como Clínico Geral; na residência poderá optar pela especialidade, de acordo com sua habilidade. O mesmo acontece na Hotelaria, no Turismo, na Advocacia. Siga sua intuição! Você poderá gostar de apenas uma gerência, será um especialista em hospedagem ou aspectos organizacionais, gastronômicos, mercadológicos. Se você gostar de tudo será um generalista, ou seja, você tem o perfil ideal para Gerente Geral, Diretor.

Neste sentido, o estágio composto de alunos preparados, interessados pelo desenrolar dos assuntos pertinentes à área, pode se constituir em ponto positivo para a empresa atingir a excelência.

7. Atitudes positivas

Deve-se imitar as atitudes do saudoso Ayrton Senna. Era o primeiro a chegar no autódromo para treinar. Era o único a fazer todo o circuito a pé. Era o que mais trocava idéias com os mecânicos. Era o último a ir embora. Quando participava de uma corrida, antes de chegar ao autódromo, procurava saber quem tinha dado a volta mais rápida na pista e em que tempo tinha feito. Vamos dizer que o mais rápido – por exemplo – tenha dado a volta no tempo em 1min28s. Estabelecia como sua meta atingir tal marca.

Montava os esquemas necessários, treinava obstinadamente e depois de certo tempo de treino batia o recorde da pista: 1min25s! Isto por si só já daria satisfação a qualquer corredor de Fórmula 1. Mas, para Senna não bastava ser o melhor: treinava com mais afinco e conseguia baixar o próprio tempo para 1min23s.

Que glória! Foi melhor que todos. Mas o que lhe deu maior prazer foi, posteriormente, superar-se: *bater o próprio recorde*! Isto dava sentido às suas vitórias, empolgava sua torcida e fez eternizar no "ranking" mundial. *Não foi mais um, mas o melhor!*

Do mesmo modo, os profissionais de Hotelaria & Turismo devem vibrar com o que fazem, suas tarefas devem ser cada vez mais excelentes – mesmo que não tenham reconhecimento do atual empregador. Devem ter a convicção forte de estar fazendo o melhor. Devem procurar – permanentemente – estabelecer e atingir melhorias operacionais em suas atividades.

Trabalhar em equipe gera necessidade constante de mudança, para não criar insatisfação e deixar o serviço cair na rotina. E se um bom trabalho é executado, outras pessoas estarão observando e sucesso é uma questão de tempo. A persistência é o caminho para o sucesso. A vida é uma eterna busca de novos horizontes. Só que esses horizontes, podem demorar a se concretizar adependendo do cargo pleiteado e os trâmites normais de uma contratação. Paciência!

8. Falta de consideração

Para uns, o desemprego gera depressão. Para outros, a demissão pode funcionar como um modo positivo de superar falhas. Por outro lado, desenvolve-se o lado afetivo familiar, pois todos se ajudam nas épocas de crise. A concorrência é diária, a competição é com tudo e com todos, principalmente com você mesmo. Supere-se! Cada vez está mais difícil um profissional conseguir um emprego e aposentar-se nele. Trabalhar numa função sem gostar das atividades é como casar por interesse; um dia tudo acaba por não ter raízes profundas. Não se acomode, adapte-se a novas realidades. Ouse! Saia do lugar comum para, no futuro, não se arrepender amargamente.

A demissão, muitas vezes, vem como um alívio para o profissional pressionado pela estrutura organizacional. Os traumas e frustações vividos numa organização opressora, dão, muitas vezes, ao profissional, ao ser demitido, um alívio de carga, como se estivesse acordando suado e zonzo de um pesadelo e saber que tudo aquilo não era verdade. Estar livre de um proprietário de hotel que acha um absurdo você conseguir, em poucos meses, o que ele poderia ter feito se tivesse nível intelectual. Ao invés de ficar contente com o acerto do parceiro, fica frustado por sua falta de capacidade. Outros exemplos:

1. Gerentes que se sentem ameaçados pelos "trainees" por sentir firmeza em suas propostas e conhecimentos profundos. Para combatê-los disparam comentários do tipo: "Muito bonito, só que a teoria na prática é outra. O seu professor está defasado. Trás ele um dia para ver como é um hotel de verdade...". Com tal postura, cria-se uma barreira no desenvolvimento ordenado da empresa.
2. Coordenadores de cursos que, quando precisam de um professor, oferecem vantagens e dão autonomia e de uma hora para outra, sem uma reunião explicativa do porquê da demissão, descartam um profissional como se fosse uma carta de baralho que está atrapalhando na mão.

3. Muitas pessoas, ao serem promovidas, deixam de ser simples e tornam-se arrogantes criando uma barreira à comunicação. Alguns professores – após terem obtido um grau de Mestre ou de Doutor, tornam-se antipáticos e empinam o nariz. O título contribuiu apenas para piorar o seu grau de relacionamento. A porta de sua sala – antes aberta – fechou-se; falar com ele só com hora marcada agendada por uma secretária. Até a sua sala foi promovida a gabinete! Nas reuniões suas atitudes são ditatoriais e controla o uso da palavra. Os participantes nem conseguem engolir um café. A vontade é de sumir!
4. Consultores externos sem escrúpulos, que com a desculpa de *formarem uma concepção global da empresa*, retiram dos gerentes todos os trabalhos em fase de desenvolvimento ou implantação taxando-os de inadequados. Só que, logo em seguida os apresentam à cúpula da empresa como seus trabalhos, uma verdadeira canalhice empresarial.

Tudo isso, deixa o quadro funcional doente, apático. Por esses motivos, muitas vezes, uma demissão pode significar uma terapia reparadora pelo período vivido com opressão e tensão por todos lados. “Mudar para quê? Há 35 anos fazemos desse modo e sempre deu certo?” As pessoas medrosas e sem iniciativa nada fazem, mas basta verem alguém tomar a iniciativa e fazer o que eles poderiam ter feito, criticam ferozmente: “Isso eu também fazia...”. São pessoas insignificantes!

8.1 Falta de consideração com o hóspede

A maioria dos Hotéis – brasileiros ou estrangeiros – enquadra-se na categoria de pequeno porte, dispondo em torno de 25 unidades habitacionais. Vamos acompanhar algumas experiências de alguns viajantes que têm o infortúnio de adentrarem às portas de um *Hotel* desse porte e que não são organizados.

Nosso viajante com a família a bordo de seu automóvel, pretendia chegar ao seu destino durante o dia, só que por questões climáticas, trânsito intenso e pequena avaria em seu veículo, não teve êxito e precisou pernoitar em um hotel próximo à rodovia. A primeira dificuldade foi conseguir um local para pernoitar, pois não encontrou a sinalização adequada da localização do Hotel.

Rodou, rodou até que localizou um que pudesse estacionar seu veículo com segurança, pois estava com o bagageiro lotado de malas, pacotes, sacolas, isopor com água, frutas e sanduiches, presentes para mãe enjoada, pai indiferente, avô solícito, tia solterona exigente, brinquedos para sobrinhos e uma pequena mala com roupas para dormir e higiene pessoal.

Batem na porta de um hotel e, eis que de súbito, alguém descabelado, bocejando, roupa em desalinho, barbado lhes abre a porta. Após saber que existia vaga para a sua família, em função das *mímicas* feitas pelo *gerente noturno,* respirou fundo e entrou no hotel! *Seja o que Deus quiser!*

Não é nem preciso dizer que a chave foi jogada no balcão empoeirado e que o próprio hóspede, cheio de pacotes e um pirralho no colo choramingando, foi obrigado a descobrir como encontrar o seu *quarto* por um corredor tortuoso e mal-iluminado. Enquanto isso, o nosso *gerente noturno*, voltou a deitar-se na *recepção* esbravejando, pois tinham interrompido seu descanso. Puxou o cobertor surrado sobre seu corpo mais surrado ainda, aninhou-se resmungando e torcendo para que ninguém mais o viesse incomodar até o amanhecer.

O hóspede, já dentro do *quarto*, cansado e fatigado do dia de viagem, louco para *esticar o esqueleto,* continuou a ter problemas. Banho de água quente, nem pensar àquela hora, mas se pelo menos o *jato* do chuveiro fosse reto... Toalhas, apenas duas e de meio banho, rotas, transparentes, secadas ao relento poeirento dos fundos do *hotel* e *passadas*, desde que tenha feito um dia ensolarado. Camas, cada uma de um modelo compradas em leilões de móveis usados. Lençóis rotos. Colchões anatômicos, pasmem, pois delineavam as curvas dos corpos de todos os hóspedes anteriores. Por sorte, com a desculpa do apagão, apenas uma lâmpada suja de 25 velas, pendurada em uma pêra, pois, se o hóspede visse o estado do colchão... Aquele último gole de água após escovar os dentes, dúvida cruel: tomá-lo da moringa sobre a mesa de compensado esturricado, ou arriscar engolir a água da torneira?

As crianças desmaiadas de cansaço, cada uma em um canto do *quarto*, a mulher telefonado do celular – ainda bem que tem esta inovação – para a sua mãe aflita, avisando que não daria tempo de chegar a sua casa. Quando o casal consegue se deitar, custam a pegar no sono, pois não acham posição. E a cama fazendo barulho a cada movimento do casal. Tentar encomendar um neném nem pensar, acordaria toda a vizinhança! Com muito custo, conseguem pegar no sono ou, melhor dizendo, o sono consegue pegá-los.

Às 5h30 da manhã, chegam à cozinha duas senhoras que vão preparar o *café-da-manhã*. Para elas que dormiram desde cedo, estão com toda a corda. Começam a tagarelar em voz alta, estridente e fanhosa. Como diria o personagem *Caco Antibes* do programa *Sai de Baixo* da Rede Globo:

Pessoal simples acorda com uma vontade louca de falar. Falam mau da família, da vizinha, da nova arrumadeira – que não sabem, se é ou não é caso do gerente noturno do hotel, da governanta que se separou do marido, do filho da copeira que virou a casaca, do marido da outra que está bebendo, também coitado, com o salário que ele ganha e com a mulher gastadora que tem...

Os nossos hóspedes despertam com tanto barulho. Uma coisa boa acontece: começa a sentir o cheirinho do café passado no coador de *flanela*. Meio sonado, vira de lado e tenta dormir, pois vai ter mais um dia louco na rodovia, até chegar ao seu destino.

Tal calmaria foi momentânea, pois as nossas tagarelas estão de boca calada: estão tomando café e *falar com a boca cheia é falta de educação*, logo uma delas liga o rádio na sua estação preferida e começa a cantarolar junto com a música de modo desafinado e estridente. Karaokê às 6 horas da manhã! O nosso hóspede mexe e se remexe na cama, acostuma-se com o *fundo musical,* até que novas atividades hoteleiras começam a perturbá-lo.

Montar as mesas do café da manhã. Nova desgraça! Não consegue se concentrar, para tentar dormir mais um pouquinho. Começa a ouvir o barulho da distribuição dos pires sobre as mesas. Logo em seguida, o barulho das xícaras sendo colocadas sobre os pires. Os talheres, então, pode-se imaginar a bagunça feita até todos serem colocados em desalinho ao lado dos pratos. Quando pensava em dormir, pela *enézima* vez, foi a vez das colherinhas de café sendo atiradas dentro das canecas: plim, plim, plim...

Pegou no sono mais um pouquinho, só que aí começou o trânsito dos outros hóspedes pelo corredor e que cismavam em parar, justo na sua porta para contar como foi o jogo do Brasil na Copa América e cada um escolhendo um novo time e principalmente um novo treinador, pois estavam com medo do Brasil ficar fora do campeonato. Nova calmaria, vira para os pés da cama em busca de novos buracos – colchão *ortopédico.*

Às 7h, em ponto, a arrumadeira liga o aspiradora de pó e começa limpar o corredor. Além do barulho infernal da turbina do velho aparelho, do milênio passado, começa a bater com a haste do aspirador na porta do seu quarto e dá para ouvir os seus resmungos: "Que gente mal-educada que entrou nesse quarto esta noite. Que porcos, nem limparam os pés quando entraram no hotel. Olhe só, me sujaram toda a passadeira!"

A essa altura as crianças despertam manhosas, com fome, por causa do barulho e do cheiro de diesel do ônibus de turismo que está esquentando seu motor, bem ao lado de suas janelas! O hóspede descobre, então, porque o hotel não tem mosquitos! Os pais que não conseguiram pregar os olhos, estão piores que quando entraram no *hotel.* Até se arrumarem e ajeitarem as crianças, são quase 9 horas da manhã! Saem pelo corredor apressados e quando chegam ao refeitório, nova decepção, encontram-no fechado.

Após nova discussão, agora já com o *proprietário do hotel*, conseguem tomar um café minguado, frio, numa mesa farta, *fartando tudo.* Saem do refeitório com um sentimento de culpa por terem transgredido as *normas* hoteleiras.

Fecham a conta após uma discussão por não aceitarem cartão de crédito. Enfiam-se no carro e no primeiro posto de gasolina que encontram, abastecem o veículo, dão uma gorjeta para o frentista tomar conta deles e dirigem-se com o carro para baixo de uma árvore e dormem profundamente – sentados não importa, pois a noite do *hotel* só lhes trouxe aborrecimentos e falta de consideração!

9. Atenção especial

O sucesso não depende só da intelectualidade. Muitas vezes, se consegue sucesso com uma equipe mais modesta que com uma equipe de doutores que vivem se digladiando, onde o que mais importa é impor a sua teoria e não solucionar o problema da empresa. Muitas vezes, é preferível trabalhar com pessoas de iniciativa, mesmo que, vez por outra, errem ou se enganem, que trabalhar com os que *acham* que nunca erram, mas, em compensação, também, nunca acertam.

A intelectualidade, também gera o crescimento ordenado da empresa. Quem bem explicita tal ponto de vista é CAMPOS (1992):

> *"As organizações humanas são constituídas de três elementos básicos: equipamentos e materiais (Hardware); procedimentos (Software) e ser humano (Humanware)... e para melhorar o ser humano é necessário fazer aporte de conhecimento." Como diz o Prof. Deming: "There is no substitute for Knowledge" (Não há substituto para o Conhecimento).*

Mesmo possuindo intelectualidade a luta pela sobrevivência continua e, de vez enquando, é necessária a busca de uma nova colocação no mercado. Quem trabalha em Hotelaria & Turismo, não pode prescindir de ter seu próprio canto – por menor que seja – nem de ter suas economias. Não esbanje tudo o que ganha, não se espelhe nos hábitos dos seus hóspedes, pois ou economizaram muito para fazer aquela viagem ou quem está pagando a conta é a empresa. Como gerente, um dia mora-se em uma suíte com toda a mordomia, come-se e bebe-se do bom e do melhor e, no outro dia, pode-se estar desempregado.

Para Hotelaria & Turismo acabou a época do empirismo; o tempo atual é o da tecnologia aplicada de modo sistêmico a todos os conhecimentos práticos aplicados na organização das tarefas diárias. Não há verdades absolutas. Cada impasse no cotidiano desperta a criatividade para sair daquela situação e a criatividade origina novas mudanças organizacionais.

A empresa caracteriza-se por busca constante de novos desafios. Alguns dirigentes acham mais cômodo pensar que o atual nível de desempenho de sua equipe é o melhor e nada de novo pode ser incorporado. Já outros encaram o desempenho atual como insuficiente e buscam melhorias operacionais e mercadológicas para otimizar as situações-problema. Neste contexto, a força dos instrumentos coletivos superará as forças individuais. Quem não se enquadrar neste novo esquema é bem provável que fique fora do contexto turístico.

Bibliografia

BENFARI, RC. *Mudando seu estilo gerencial.* Rio de Janeiro. Editora Objetiva, 1996, p.15.

CAMPOS, VF. *TQC: Controle da Qualidade Total.* 5 ed. Rio de Janeiro. Bloch, 1992.

CROSBY, P. *Integração: Qualidade e Recursos Humanos para o ano 2000.* São Paulo. Makron, 1993.

DEMING, E. *Qualidade: A revolução na administração.* São Paulo. Marques-Saraiva, 1990.

DOWBOR, L; IANNI, O; RESENDE P. *Desafios da globalização.* Petrópolis. Vozes, 1998.

FALCONI CAMPOS. *Gerenciamento pelas diretrizes.* Belo Horizonte. FCO/UFMG, 1997.

FARIA, J. *Relações de poder e formas de gestão.* Curitiba. Criar, 1985.
FOURNIES, F. *Por quê os subordinados nunca fazem exatamente o que se espera deles?* São Paulo. Makron, 1991.
KONDO, Y. *Motivação humana: um fator-chave para o gerenciamento.* São Paulo. Editora Gente, 1994, p.3.
ISHIKAWA, K. *Controle de Qualidade Total.* Rio de Janeiro. Campus, 1993.
JURAN, J. *A qualidade desde o projeto.* São Paulo. Pioneira, 1994
MARINS FILHO, LA. *Artigo da Revista T & D.* Edição de setembro de 1997.
TOWNSEND, R. *Dane-se a organização.* São Paulo. Best-Seller, 1998.
WEISSINGER, H. *Inteligência emocional no trabalho.* São Paulo. Objetiva, 1997.

Capítulo 2

MUDANÇA DE PARADIGMAS

"Fica demonstrada, mais uma vez, a necessidade de adequação ao novo paradígma gerencial – em construção – caracterizado por participação, valorização da inovação, busca da qualidade e competitividade, orientação para o atendimento das necessidades dos clientes internos e externos, visão sistêmica, incorporação da dimensão simbólica e do poder, flexibilidade e, principalmente, reconhecimento da mudança como um estado permanente".

THOMAZ WOOD JR. (1995)

1. Referencial teórico

O referencial teórico do presente trabalho tem por objetivo elucidar questões pertinentes à área hoteleira e turística, através da análise de trabalhos publicados como o de ISHIKAWA (1997), CAMPOS (1992), ALBRECHET (1994), TRIGO (1996) e VIGNERON (1997) e estudar a relação existente entre os conceitos expostos e a vivência, observação, análises das experiências de vida do autor deste trabalho. Para complementar o estudo do tema, está sendo incluída a pesquisa de campo com profissionais do segmento de agências de turismo, entrevista com viajantes de diferentes perfis de vivência do segmento turístico e com arquiteto especializado em construção de hotéis.

2. Objeções & Proposições

Por que muitos países recebem 50 ou 60 milhões de turista estrangeiros/ano e o Brasil de 4 a 6 milhões? Fatalmente as respostas serão: falta de organização dos empreendimentos turísticos, deficiências nos meios de hospedagem, falhas no sistema de transporte, descaso nos balcões de agência, tudo batendo na tecla de falta de qualidade nos serviços prestados aos viajantes que visitam o Brasil. Como comenta FRANCISCO DINIZ[1]:

"Há uma deficiência muito grande no Brasil causada pela falta de qualidade. O usuário dos serviços turísticos está cada vez mais exigente, tem mais consciência do valor que vai gastar, tem acesso a novos meios de comunicação – televisão a cabo e internet – e procura saber em que o seu dinheiro está sendo gasto, ou seja, tem-se satisfação total passando por uma formulação de custo-benefício. O atendimento é outro fator preponderante, por exemplo, quando o turista desembarca num aeroporto chegando de um vôo internacional, começa a passar por experiências com o pessoal da imigração local, da alfândega, com o carregador de malas, que se mal treinados em suas funções, podem começar a criar obstáculos de forma que a pessoa, de princípio, vai se desencantando e começa a prejudicar o resto da viagem. A primeira impressão é a que fica."

3. Por que treinar os empregados?

Desenvolver este título tem muito a ver, pois muitos hoteleiros acham perda de tempo treinar os empregados em função de terem uma taxa de "turn-over" (admissão e demissão de empregados) elevada. Encaram o treinamento como despesa e não investimento.

Julgam que treinar é preparar mão-de-obra para o concorrente, pois, quando precisam de um profissional, é esta a tática que usam. Associam o treinamento a uma coisa boa apenas para os empregados. Acham que a teoria, na prática, é outra. Treinar, só vai servir para o empregado pedir aumento ou querer promoção. Acham, erroneamente, que gastam verba em treinamento e quem vai se beneficiar é a concorrência por ocasião de um pedido de demissão. Pensam, ainda, que perderão o domínio sobre os empregados, pois estes ficarão mais espertos e saberão mais que eles!

Fogem das salas de aula com medo do confronto com a realidade atual do mercado. Têm medo de aprender algo de novo ou acham que vão ser questionados nos treinamentos e a fachada de conhecimento que têm pode cair. Chegam ao cúmulo de invejar a qualificação dos estagiários e "trainees" em sua empresa e dificultam sobremaneira os seus estágios, encarando-os como perda de tempo ou para justificar atrasos e erros em suas tarefas. Têm medo de tirar férias de 30 dias, pois se o chefe acostumar com suas ausências pode perceber que não fazem falta ao bom desempenho do hotel!

Este sentimento de desgosto, em função da superioridade dos estagiários e bacharéis de turismo e hotelaria, tem funcionado como fuga para os funcionários incompetentes que não têm, não querem ou não podem ter preparo intelectual e de saber que provavelmente, após o estágio, poderá ocorrer a contratação para cargo superior ao seu. Esta postura atrapalha por um período, mas quem é competente, supera todas as barreiras. Enquanto isso, o invejoso – por não ter valores pessoais fundamentados – manter-se-á no cargo, mas não evoluirá, provavelmente, perdendo posições. Só o tempo dará a resposta.

4. Realidades diferentes

O mesmo desânimo encontra-se em chefias que acham que treinar é desperdiçar tempo, pois julgam terem sido contratados por dominar os assuntos relativos a sua função e que reciclar só serve para confirmar que estavam certos e atrasar seus serviços.

"A alta direção, em geral, desconhece os detalhes que sucedem nas suas empresas. Quando as verdades forem relatadas, a alta direção deve saber ouvi-las, não se enraivecendo gratuitamente com os subordinados."
ISHIKAWA (1997)

É um alerta para não usar o controle de qualidade como instrumento para punir pessoas. Se as ordens não foram convenientemente implantadas, a alta direção também teve sua parcela de culpa por não ter esquematizado um sistema confiável. Punir significa fechar o canal de comunicação e implantar o mutismo dentro da empresa: ninguém viu, ninguém falou e ninguém ouviu.

Uma significativa parcela de *proprietários de hotéis*, a cada dia que passa, está ficando defasada, longe dos pontos básicos que os hóspedes exigem como qualidade. O mundo exterior mudou muito e eles não perceberam. Estão fadados ao insucesso, o que se pode esperar é a queda na qualidade dos serviços, mudança de perfil do consumidor final de seu empreendimento, concordata, falência e, na melhor das hipóteses, ser comprado por um grupo hoteleiro profissional, que encara Hotelaria como produto de primeira linha. Confirmando esta postura, RUSCHMANN (1996) comentou que:

"O empresariado foi avaliado como individualista, atua de forma empírica, não investe na qualificação de recursos humanos."

Existem *proprietários de hotéis* que acreditam que um novo funcionário pode aprender com um antigo. Em parte existe um benefício de não incorrer nos mesmos erros que outros cometeram no passado, contribuindo, assim, para o crescimento dos empregados na organização. Mas – não se deve esquecer – com esta técnica, os vícios também serão repassados ao novo empregado. Deixar o treinamento de um novo funcionário a cargo do que está sendo demitido é uma aberração, pois se está sendo demitido é porque o seu desempenho não está correspondendo às expectativas.

Mais um ponto importante a ser levado em consideração é que o "turn-over" – entrada e saída de empregados – constitui-se na evasão de conhecimentos e quem mais sai perdendo é o hoteleiro que está demitindo, pois todo o conhecimento da sua empresa está sendo levado mentalmente pelo empregado demitido, que poderá implantar em outra empresa, os sistemas desenvolvidos e – o principal – sabendo o que deu e o que não deu certo.

Sobre estas realidades diferentes, pode-se complementar com o que JAMES (s.d.) explicitou:

> *"existem dois tipos fundamentais de conhecimento: conhecimento de resultante da investigação científica e que transforma fatos em dados... conceitos e raciocínios pela proposição de argumentos... e vamos saber o que, quando, onde e como fazer; conhecimento acerca de que é fusão de uma série de experiências que não podem ser comunicadas de indivíduo para indivíduo apenas pelo uso da palavra; é preciso demonstrá-lo. É preciso atuar no real para criar ou sacramentar conhecimentos já incorporados."*

4.1 Caso V: Comensal no restaurante panorâmico

É preciso treinar muito bem os empregados da empresa. Não se sabe com quem está lidando. Certa vez, em um hotel que tinha restaurante panorâmico no último andar, um comensal que estava hospedado chegou ao restaurante com uma cara emburrada e queria porque queria se sentar numa mesa – reservada com placa – e que tinha uma boa vista da cidade. Após a orientação do "maître", sentou-se em uma mesa que não era aquela que desejava, aliás não sentou, despencou!

O "maître" apresentou-lhe o cardápio e o que ele queria comer não tinha, apesar de ser um restaurante de cozinha internacional. O chefe da cozinha veio até a sua mesa sugeriu outros pratos, demonstrando boa vontade, pois havia, na casa, todas as matérias-primas necessárias para preparar o prato que ele quisesse. Escolheu um prato, que não é preciso dizer, voltou para a cozinha umas duas vezes, pois não estava do seu agrado.

Nada agradou aquele comensal. O *couvert* estava com as torradas murchas, a azeitona espanhola tinha um caroço muito grande, a manteiga estava rançosa e, assim, sucessivamente. Para se ter uma idéia do nervosismo implantado, quem o serviu do começo ao fim foi o próprio "maître". Os garçons nem chegavam perto. Os *commins*, então, passavam longe. E o "maître", impecável no tratamento. Por dentro, sabe lá como estava se sentindo, mas a sua aparência era impecável.

Por fim aquele senhor conseguiu se acalmar e comeu os alimentos preparados. Por ocasião do fechamento da conta, o "maître" deixou a conta em cima do aparador, aguardando pacientemente, pois não seria louco de colocá-la na sua frente sem que ele pedisse. Para alívio geral, a conta foi pedida. Enquanto o cliente conferia a conta, encarou o "maître", desculpando-se com ele, comentou que tinha tido um dia de louco.

Era fazendeiro e acabava de chegar da sua fazenda. Tinham mexido na cerca de divisa da sua fazenda e roubado parte do seu gado. Na delegacia, para fazer o boletim de ocorrência, não teve sucesso, era feriado na cidade. Pegou uma chuva muito forte no caminho e, para piorar mais ainda, o pneu do seu carro furou no meio da tempestade. Ou seja, estava com os ânimos à flor-da-pele quando foi almoçar e a primeira pessoa que apareceu na sua frente foi o "maître", transferiu toda a sua raiva para ele.

Desculpou-se, deu uma boa gorjeta, só que o "maître" queria ter a certeza de que ele iria embora mesmo. Com sorriso, acompanhou-o até o "hall" e ficou aguardando a chegada do elevador. Enquanto isso, o nosso comensal fazendeiro, vira-se para o "maître" e diz: *"Não sei o que seria capaz de fazer, se você ousasse não cumprir uma das ordens que dei durante o almoço...*", ele tirou um revólver da cintura, colocava e tirava da boca do "maître" e disse: "*...eu te..., eu te... dava um tiro nos miolos...*", nesta hora, o "maître", que já estava com as pernas meio bambas, mijou-se todo... por sorte o elevador chegou!

4.2 Recomendações

1. Segundo ISHIKAWA (1997):

> *"A essência do controle de qualidade é atacar com antecedência os defeitos e reclamações potenciais. Um estágio ideal do controle de qualidade é quando o controle não mais depende da verificação ou inspeção."*

2. Quanto ao relacionamento com a chefia: se você não tem coragem de dizer ao seu chefe o que pensa dele diretamente, não o diga, também, a ninguém, pois o que você falou certamente chegará aos ouvidos dele d-i-s-t-o-r-c-i-d-o!

5. Formação permanente

Um profissional formado há 2 anos e que não se reciclou, fatalmente, está fora do mercado, pois as mudanças estão ocorrendo numa velocidade tão grande que, quando for tentar pôr em prática o que aprendeu, estará defasado, fora do mercado de trabalho. Imaginem, agora, quem se formou há 10, 15 anos ou mais, como estarão os seus conhecimentos? Este ensaio foi feito com empregados que tiveram algum contato com o conhecimento científico. E quem tem apenas a educação básica – geralmente incompleta ou mal-feita – com conhecimentos apenas empíricos baseados em observação, como se encontrarão dentro das mudanças que estão ocorrendo no mundo? Certamente estarão desperdiçando tempo e sentirão franqueza ao emitirem suas opiniões. WURMAN (1991) explicita que:

"Uma edição do The New York Times, em um dia da semana, contém mais informação que o comum dos mortais poderia receber por toda a vida na Inglaterra do século XVII"

e VIGNERON (1997) complementa que a invasão da informação desafia as capacidades do homem

"gera uma profunda angústia, tornando certos sujeitos, às vezes brilhantes, incapazes de adaptar-se às novas tecnologias da informação."

Contribuem para a formação pessoal, alguns fatores que, se bem-administrados, farão diferença em toda uma vida profissional. A *aptidão* para executar os trabalhos com eficácia, não é adquirida na empresa: a aptidão está muito associada à índole do indivíduo. Pode-se aperfeiçoar a técnica de um cozinheiro mas não forçá-lo a ser, se não possuir aptidão. Quando o candidato a um cargo lê um anúncio de um emprego, avalia suas aptidões e comparece por se julgar conhecedor de tal assunto. A aptidão também pode ser traduzida como a velocidade que as pessoas dominam as suas funções por mais complexas que sejam.

O *treinamento* depende da empresa. Não importando como o candidato adquiriu a aptidão para o seu cargo, deverá desempenhar suas funções dentro dos parâmetros traçados pela empresa. O *padrão de serviços* é definido pela empresa e não pelo profissional admitido, que deverá executar suas atividades conforme parâmetros estipulados pela empresa.

A *dignidade* é outro fator a ser cultivado pelos profissionais. Significa ter orgulho do trabalho que executa. Se o seu atual cargo não lhe desperta um sentimento de dignidade, apenas uma pessoa pode mudá-lo: Você mesmo! Capacite-se a realizar coisas mais complexas, não tenha vergonha do que está fazendo. Tenha vergonha de ser corrupto, salafrário, mal-educado, mas não de exercer uma atividade simples ou que não mexa com o seu ego. Prepare-se para mudar de função!

É fácil perceber na empresa quem não tem orgulho de seu trabalho. O crachá com a sua função explicitada, está colocado para dentro da camisa ou blusa, à altura da cintura – onde só os baixinhos conseguem ler – virado de cabeça para baixo, mas nunca no lugar certo, bem perto do coração. Obviamente que o seu desempenho é medíocre. Os hóspedes notam muito bem quais empregados gostam realmente do que fazem e quais são aqueles que só estão interessados no salário e nas gorjetas!

Como disse RIBEIRO (1992):

> *"Se você continuar a fazer o que sempre fez, vai continuar obtendo o que sempre obteve... O segredo na vida não é fazer o que você gosta; é gostar do que você faz."*

Outro fator importante é o seu visual. Será que a sua postura, os cuidados pessoais, seu semblante estão vendendo uma imagem positiva de alguém ávido para atender as necessidades dos clientes? Você é amável, educado, cortês com os hóspedes? No seu linguajar normal existem expressões como: "Bom-dia senhor, em que posso ajudá-lo?" "Tenha uma boa viagem e retorne em breve ao nosso hotel" "Foi um prazer imenso poder atendê-lo" "Pessoas de bom gosto como o senhor sempre escolhem este prato"... Você tenta se superar em suas atividades ou faz apenas o mínimo e o necessário para justificar o seu salário? Se você quer progredir na hotelaria, no seu próximo contato com os clientes, ofereça um pouco além daquilo que eles estão esperando e você verá a recompensa.

Prepare-se intelectualmente para crescer na escala hierárquica da empresa. Para os hoteleiros não interessa um empregado que entre e se aposente na mesma função. O interesse existe em indivíduos que, junto com o crescimento profissional dentro da empresa, complementam seus conhecimentos com estudos regulares fora da empresa.

Por outro lado, o autor tem observado – graças à Deus – a preocupação que muitos hoteleiros têm em treinar seu quadro funcional, e estão, desta forma, tomando a dianteira de grupos tradicionais que pararam no espaço e no tempo. Sabem que quanto mais repassarem conhecimentos aos seus empregados, quanto mais os estimularem a desenvolver suas competências – até fora dos limites dos hotéis – quem mais estará ganhando, primeiramente, com tudo isso será ele mesmo, pois repassará aos hóspedes serviços de qualidade superior. Estes hoteleiros trabalham de modo dinâmico, sem muitas restrições, e dão flexibilidade aos seus gerentes na hora de tomar decisões, pois sabem que controles, demasiadamente rígidos, podem causar sérios problemas na operação de um hotel.

"Na busca de solução, é indispensável reavaliar o conceito de pessoa humana e de sociedade. Esta reflexão é fundamental para reorganizar o trabalho humano como fonte de renda capaz de suprir as necessidades de todo ser humano. É essencial refletir sobre a responsabilidade das organizações, quer elas sejam patronais, sindicais, educacionais, políticas ou até religiosas. Nesta reengenharia do mundo, é urgente estabelecer novas estruturas de comunicação e de formação que favorecem o diálogo."
VIGNERON (1997)

O mercado de trabalho não abastece a Hotelaria e o Turismo com candidatos treinados dentro das especificações que o hotel ou agência deseja, devendo o Setor de Recursos Humanos dar treinamento introdutório aos novos empregados para conscientizá-los dos padrões delineados pela direção do hotel. A reciclagem é, também, uma forma de adequar o hotel aos novos equipamentos e tecnologias disponíveis no mercado e os empregados precisam estar constantemente atualizados. Tudo que é clássico pode ser rejeitado e marginalizado pelos hóspedes. Os empregados precisam estar aprendendo e sonhando continuamente. Como disse a nadadora DAILZA DAMAS:

"Quando a gente pára de sonhar, a gente morre; é preciso sonhar sempre."

Nas universidades, muitos alunos não vêem a hora de se formar para ficarem livres dos compromissos escolares. Apenas um lembrete para os que assim pensam, *a formação de um indivíduo começa com o nascimento e se encerra com a morte.* É preciso estar sempre reciclando e se atualizando com o perigo de ficar fora do mercado.

Certa vez, após a cerimônia de formatura de uma turma de bacharéis de turismo da Unimonte em Santos (SP) – quando tive o prazer de ser paraninfo – um grupo de formandos me questionou:

> *"'Professor, este diploma significa mais de 15 anos de estudos ininterruptos. Quando é que ficaremos superados?' A resposta que me veio à lembrança, após um momento de reflexão, foi a seguinte: 'Façam diariamente uma auto-análise ao deitar e se questionem: O que aprendi, hoje, de novo na minha profissão, no meu cargo, na minha empresa ou no modo de encarar a vida? Se você não aprendeu nada de novo naquele dia, lembre-se de que algum colega seu aprendeu uma coisa nova naquele dia, que vai significar 7 coisas novas em uma semana, 30 coisas novas em um mês e, assim, sucessivamente. Ou seja, a partir do dia em que você deitar a cabeça no travesseiro com o mesmo nível de conhecimento que o dia anterior, a partir daquele dia, você estará ficando superado.'"*

5.1 Educar, ensinar, formar, treinar ou desenvolver pessoas?

Pode-se encarar que o desenvolvimento de pessoal não é uma coisa passageira, mas um componente da formação permanente, como bem define VIGNERON (1997) como sendo:

"Um projeto contínuo de desenvolvimento das capacidades físicas, emocionais e intelectuais baseado em valores morais e culturais, permitindo que o indivíduo se torne pessoa e se relacione harmoniosamente com o universo, a humanidade, todos os seres vivos e a matéria. A formação permanente não pode ser confundida com treinamento, que é condicionamento e que ensina, sem variantes possíveis, uma única maneira de realizar uma boa operação. Ela deve ser também um desenvolvimento que torne a pessoa autônoma e capaz de tomar as decisões adequadas."

Existem diferenças de significado entre estes vocábulos. *Educar* é estar sempre despertando aptidões naturais a fim de aprimorar as faculdades intelectuais, física e morais. Já, *ensinar* tem mais a ver com a transmissão de conhecimentos por meio de instruções. *Formar* um indivíduo está ligado à transmissão de um conjunto de ensinamentos que permitem o desempenho de uma profissão. Permite a promoção, aquisição e manutenção de conhecimentos novos ou aperfeiçoamento dos antigos. *Treinamento* está mais para uma série de questões que permitem exercitar, habituar e acostumar um empregado no desempenho de suas funções. O treinamento está associado com o aperfeiçoamento das habilidades. É preciso sempre estar reciclando para aprender novos métodos de se executar as tarefas.

Desenvolver um empregado é fazê-lo prosperar e progredir de modo adequado. Quantos cozinheiros têm uma definição de tempero excelente, mas são mal-criados, desobedientes, intragáveis no convívio diário? De nada adiantará os esforços de transmissão de conhecimentos, se o empregado não quiser aprender, tornar-se sábio, instruir-se. Esta é uma das maiores barreiras do ensino, motivar o corpo discente a aprender e o corpo docente a ensinar, educar, treinar. Você já não saiu de um consultório médico elogiando o diagnóstico e o tratamento dado, mas comentando "*...mas que médico chato, ranzinza, pedante...*", ou seja, você observou fatores além do treinamento específico da medicina, você observou fatores de relacionamento e de desenvolvimento de pessoal. Se, daqui a algum tempo, surgir, na cidade, outro médico tão competente quanto ele, só que mais gentil, afável e que trate os clientes com dignidade, certamente lhe tirará uma boa parcela da clientela.

Desenvolvimento de pessoal passa por três estágios: primeiro estágio, integração do indivíduo ao meio ambiente, aprender a linguagem da empresa, adequar-se às suas normas e políticas que chama-se *Desenvolvimento de Equipe*, para que não ocorram diferenças marcantes de atuação entre os empregados. Como se pode notar isso? Se em um hotel algum hóspede elogiar a atuação individual de alguns empregados em detrimento de um elogio coletivo, pode significar desgosto ou experiência negativa após a utilização de um serviço. Exemplificando: se algum hóspede elogiar a telefonista da manhã ou o garçom José Carlos que fica na fileira de mesas da janela, ou a recepcionista loira que fica na parte da tarde, ele está dizendo que se você tiver a sorte de ser atendido por um desses profissionais a sua impressão sobre os serviços será ótima. Mas, se outros o atendem, o seu grau de satisfação poderá estar comprometido. Portanto, busca-se, no trabalho de Desenvolvimento de Equipe, um elogio para a equipe e não para indivíduos: "*...o serviço de telefonia deste hotel é excelente... o serviço de cerimonial que a brigada do restaurante presta é fora de série... os recepcionista são gentis e educados com todos os hóspedes...*", ou seja, o elogio vem para a equipe de trabalho e não para os indivíduos particularmente.

O segundo estágio é o *Desenvolvimento Gerencial* que vem a ser a transferência de conhecimentos básicos para os novos supervisores relativos à administração de pessoal, de materiais, de máquinas e equipamentos, de tempo, qualidade e de recursos financeiros. Um funcionário – ao ser promovido – domina, de modo especial, as tarefas da função que foi treinado pelas aptidões, só que para gerir e gestir seu setor deverá ser informado de como funciona a máquina administrativa e de controle da empresa, ou seja, por que parâmetros ele será avaliado e como controlará o seu departamento de modo harmônico com os demais setores do hotel.

Como terceiro estágio temos o *Desenvolvimento Organizacional*, que nada mais é que descobrir como vai a saúde da empresa. O hotel, por ser um organismo vivo, também fica doente e pode até morrer, muitos são os sintomas que indicam o começo das doenças. Uma delas é a falta de comunicação; outra, as atitudes antipáticas entre os funcionários. Existem – também – perseguições, ciúmes do desempenho das atividades de algum colega. Estas posturas mudam as atitudes, alteram a escala de valores e vão fechando os caminhos para a comunicação fluida. É Fátima que não gosta da Sônia, que não se entende com a Lourdes, que persegue a Márcia. A essa altura, o que temos de problemas organizacionais nada mais é que o setor de Reservas (Fátima) dificultando os serviços para a Recepção (Sônia), que atrasa ou não comunica as operações de modo correto para a governanta (Lourdes), que, por sua vez, solicita os serviços de modo incompleto para a arrumadeira (Márcia). Uma está desejando que a outra erre para cair em cima e denegrir a imagem da outra. No começo, brigas e discussões e, no final, apatia e falta de comunicação, beiços e caras amarradas. E quem sofre com tudo isso é o hóspede, que não tem a sua reserva bem-feita, seu "check-in" é executado com atraso, além de ter o seu quarto mal-arrumado!

O processo de Desenvolvimento Organizacional visa identificar – com apoio de Psicólogo, Assistente Social e, às vezes, até um médico-clínico – os grupos informais conflitantes, para ajudar na fase da crise aguda do relacionamento e acompanhamento com terapia posterior até a eliminação do problema. Você já pensou dizer ao seu chefe o que pensa dele sem o fantasma do desemprego? *Quantos sapos você já não engoliu e estão fazendo mal ao seu desempenho funcional e à sua saúde física e mental? Comer rã ou gia – como dizem os nordestinos – é muito gostoso e é um dos pratos mais caros da culinária internacional. Agora, engolir sapo é violento e quando o sapo é grande e entala na garganta, fica batendo as pernas do lado de fora; ou quando se engole o sapo inteiro e ele não morre, fica pulando no seu estômago, aí o caso fica grave!*

Quantos executivos têm uma barriga imensa e todos acham que é de gula e no fim nada mais é que sapos que está engolindo há anos? O processo de DO é feito em sessões de terapia em que são colocados frente a frente os ofendidos e os ofensores e cada um volta à cena em preto e branco, comenta a situação desagradável que ocorreu – sem viver a emoção negativa que originou o trauma, e entram num acordo sobre os pontos divergentes. Desculpam-se, botam uma pedra no passado e rodando o filme para a frente colorido. Voltam paulatinamente a interagir e a comunicação é restaurada.

Muitos, na hora em que expelem os sapos do seu organismo, sentem uma sensação de alívio, mas, logo em seguida, vem um calafrio e se instala a ansiedade. *"Puxa falei para o meu querido e amado chefe o que pensava dele"*. Alguns nesta fase sentem um vazio no estômago, um fastio, pois a tantos anos com o sapo na barriga, sentem falta do batráquio e desmaiam, ficam com tontura, tremedeira e outras reações adversas. Daí a necessidade dos profissionais da medicina para dar apoio em alguma crise de saúde ou o acompanhamento por meio de terapia com Psicólogo, para reintegrar o indivíduo no convívio da empresa. É um processo que deve ser conduzido com muita destreza para não piorar mais os ânimos do quadro funcional. Só deve ser conduzido por profissionais treinados para isso.

5.2 – Programação neurolingüística

Quantos executivos e empregados que mudam suas atitudes por um período, obtém sucesso, mas, depois de algum tempo, têm uma recaída e voltam a praticar os padrões comportamentais anteriores e a assimilar os modos antigos de encarar o trabalho? Existem contribuições de estudiosos que estão mudando os atuais paradigmas.

Uma das mais importantes – dentro desta linha de estudos – temos a PNL, Programação Neurolingüística – que tem por objetivo ajudar os indivíduos a superarem as dificuldades do passado e as limitações auto-impostas. A PNL proporciona aumento de produtividade, lucro para o empreendimento e satisfação profissional para seus seguidores. RICHARD BAUDER (s.d.) apresenta os seguintes parâmetros:

A PNL tem por objetivos:

- fazer você ser responsável por sua própria motivação;
- construir relacionamentos e aprimorar técnicas de persuasão;
- apagar experiências negativas do passado;
- auto-valorização & auto-estima;
- melhorar o acesso ao desempenho máximo.

Por diversas vezes você se encontrará alegre e feliz por ter obtido sucesso em uma tarefa que lhe foi confiada e, ao olhar ao seu redor, seus colegas o estarão olhando com despeito, indiferença e até com um pouco de ciúmes pelo seu sucesso. É a hora em que você precisa ser forte e maduro o suficiente par não se abater e se auto-motivar para que tais posturas não comprometam seu desempenho.

Existem três conceitos básicos na PNL:

- transforme o que você quer e pensa em uma frase afirmativa;
- torne mais vivida a imagem mental que você deseja fazer, para que ela fique mais atraente;
- associe comportamentos bem-sucedidos e ensaie-os para que se tornem naturais

Risque de seu vocabulário posturas negativas do tipo: *"Não consigo executar tal tarefa"*, troque por: *"Para executar esta difícil tarefa com sucesso, preciso me aprofundar mais em tal aspecto"*. Use o lúdico para planejar o seu trabalho. Passe aos seus clientes posturas positivas das sensações que serão vivenciadas em uma viagem, das emoções que serão sentidas e que jamais serão apagadas da memória deles. Lembre-lhes dos pontos positivos, associe sensações de prazer ao seu produto turístico e não fique entrando em detalhes sobre as turbulências ocorridas em algumas viagens, ou da possibilidade de chegar a Paris em julho e se deparar com dias chuvosos e de que a areia da praia de Nice é grossa e úmida.

Duas coisas motivam as pessoas de sucesso: inspiração e desespero. E, desse modo, temos dois tipos de motivação:

- nos afastamos de coisas que não desejamos – sobre o risco de sermos demitidos ou
- nos aproximamos de coisas que queremos – para obtermos elogios e prêmios.

Cada ser humano tem habilidades para determinadas tarefas. Uns são muito criativos, dão idéias gerais, mas são péssimos detalhistas. Outros não têm idéias geniais, mas, em compensação, quando alguém lhe esboça um assunto, desenvolvem o tema como ninguém. Outros, ainda, não têm potencial nem para criar, nem para detalhar, mas são ótimos expositores de idéias criadas e detalhadas por outras pessoas. Enquadre-se. Veja em que postura você se situa e faça-a com todo o entusiasmo, pois, só assim os aplausos lhe serão dirigidos.

Torna-se fácil descobrir quais as nossas paixões pessoais:

- quando são violadas;
- quando são satisfeitas ou
- quando fazemos uma meditação profunda

Muitas vezes você pode achar que não possui paixões pessoais. Ledo engano! Basta sentir-se ameaçado, para que os seus sentimentos mais profundos aflorem e se imponham perante as situações ameaçadoras. Isto acontece na família quando se notam quaisquer preferências por outros familiares, no namoro quando o parceiro torna-se vulnerável a estímulos de uma terceira pessoa e no trabalho quando se nota que outro colega de trabalho está pleiteando o cargo que também almejamos. Com isso, experimenta-se sensações de prazer pelas vitórias alcançadas e todo o organismo reage positivamente.

A felicidade acontece para aqueles que imaginam seus sonhos e fazem de tudo para que eles se tornem realidade. Como construir bons relacionamentos dentro da PNL?

- trate os outros como gostaria de ser tratado, dentro e fora do trabalho;
- ouça com atenção as preocupações das pessoas e mostre como as valorizar;
- determine suas metas e satisfação de um bom relacionamento com os clientes;
- estabeleça um relacionamento de acordo com as palavras ditas e expressão facial, para que não prevaleça somente a expressão;
- produza sensações positivas, seja uma pessoa alegre, transmita energia;
- faça as metas de seus clientes suas, e, consequentemente, terá sucesso;
- assuma a mesma fisiologia de seu cliente, expressão facial, tom de voz e o mesmo ritmo da fala; conversar com a criança como criança, com o executivo como executivo e, assim, sucessivamente.

Não passe a vida apenas sonhando. Transfira suas idéias para o papel, transforme-as em projetos, planos e metas. Crie métodos que lhe permita consolidar seus sonhos. Saia do imaginário e caia no real, pois, só assim, você se realizará. Pensar e falar não são suficientes para consolidar seus ideais. Aja. Execute. Desempenhe.

Como produzir sensações positivas?

- ser sincero nas palavras e expressões faciais para que haja coerência entre as duas;
- ouvir ativamente, pois todos gostam de ser escutados e se sentem bem quando são ouvidos de verdade, além de ser uma ótima maneira de saber o que é importante para as pessoas.

Os clientes gostam e dão valor quando são atendidos por profissionais que se esforçam para fazer do seu trabalho algo agradável. Ninguém foi a sua casa e lhe obrigou a ser admitido nesta função. Você compareceu e se candidatou espontaneamente, portanto, desempenhe suas funções da melhor maneira possível. Se tal serviço não lhe dá prazer, só depende de você se candidatar a executar outra atividade, mas, enquanto isso, esforce-se para desempenhar as funções que lhe foram confiadas da melhor forma e seja rígido com os padrões de sua empresa.

Quanto ao medo que alguns hoteleiros têm de perder seus funcionários para a concorrência ou da reivindicação de aumentos e promoções, constitui-se num medo infundado, pois, se as políticas da Administração de Talentos foram bem-delineadas, se o hotel acompanhar as curvas salariais do mercado local, não há razão para temer tais atitudes. Um fator pouco levado em conta é a falta de afetividade existente em muitos hotéis, fator esse que desestrutura por completo qualquer tentativa de aprimorar os serviços prestados. Muitos hoteleiros insistem na produtividade e se esquecem do emocional e do progresso individual de seus parceiros.

5.3 Quociente intelectual × Quociente emocional

Os hóspedes gostam de ser bem-tratados por empregados preparados para observar suas vontades e gostos. Buscam sentimentos de honestidade, segurança e satisfação pessoal. GOLEMAN (1996) afirma que: *"a felicidade pessoal e o sucesso profissional estão intimamente ligados à capacidade de os indivíduos administrarem suas emoções"*.

Até então, supunha-se que, quanto maior fosse o QI – Quociente Intelectual de um indivíduo, maior seria sua capacidade em obter sucesso na vida, principalmente na profissional. GOLEMAN (1996) demonstrou que QI elevado não é nenhuma garantia de sucesso. Existem outros fatores que interferem – entre eles a sorte – que ele denominou de QE – Quociente Emocional.

Chama a atenção para problemas que podem ocorrer se a empresa apenas se preocupar com o conhecimento intelectual, desprezando a maturidade dos sentimentos, ponto-chave para um executivo solucionar conflitos e relacionar-se de modo adequado com o ambiente social que o circunda. *"Para se classificar uma pessoa como inteligente é necessário que exista um equilíbrio entre os dois quocientes".*

Por isso os empregados devem gostar do que estão fazendo, sentir-se bem com suas atitudes e estar felizes com a vida que estão levando, já que ingressaram na carreira hoteleira e turística espontaneamente. Devem ser pessoas emocionalmente maduras a fim de compreender os sentimentos dos hóspedes, ter destreza no tratamento dispensado, usando a simpatia e – principalmente – a empatia. Com estes pontos colocados em prática, fica mais fácil direcionar – também – suas próprias carreiras profissionais.

5.4 Carreira mundial

O turismo enquadra-se dentro de uma filosofia de carreira mundial. Em qualquer país do mundo os sistemas de reservas, "check-in", "check-out", custeio, marketing e "controler" obedecem a padrões internacionais. Pontos que diferenciam um trabalhador de um profissional: postura social, competência acadêmica, profundos conhecimentos das atividades que desempenha, domínio de idiomas e de sistemas computadorizados, responsabilidade com horários, integridade.

Com relação à postura profissional, os estudantes devem ter três tipos de objetivos bem definidos ao final de seus cursos: *objetivos cognitivos*, relativos ao volume de informações aprendidas em cada disciplina; *objetivos operacionais*, em consonância com suas habilidades natas aprendidas de modo científico; *objetivos comportamentais* relativos a posturas, valores, questionamentos em relação a vida profissional e metas pessoais.

Com relação aos idiomas, sem o domínio dos códigos lingüísticos é inútil falar em comunicação em hotelaria. Quem não domina o inglês não terá acesso a nenhum sistema computadorizado. Sem o francês não entenderá a linguagem culinária e de cerimonial. Sem o espanhol, terá dificuldades no relacionamento com os povos latino-americanos. Os idiomas mais falados no segmento turístico são: inglês, espanhol, francês, alemão, árabe e japonês.

O mandarim está despontando como idioma relevante, em função da abertura da China para o mundo, da capacitação intelectual e financeira dos chineses e da curiosidade que têm em conhecer os demais países do mundo. Basta embarcar em navios, aviões e participar de congressos internacionais em hotéis, centros de convenções, para observar o incremento de chineses que se deslocam pelo mundo dos negócios ou que têm condições de participar dos roteiros turísticos.

Como já foi explicitado, no convívio com o diferente está a grande preocupação dos administradores de talentos. Turismo é uma carreira nômade, mundial, sem fronteiras, com opções de trabalho em todo e qualquer lugar do planeta Terra. Atualmente, busca-se no mercado indivíduos mais preocupados com aspectos relacionais que com capacidades específicas: busca-se mais a educação global que a especializada. Deste modo, os indivíduos que possuem apenas uma intelectualidade vão sendo esmagados, comprimidos pela sociedade, não conseguindo trabalho de qualidade e se conseguem empregos, não conseguem se sustentar neles em função das mudanças sistêmicas. Esta é uma realidade do mercado que não dá mais para esconder. Basta olhar as pessoas de nossas famílias ou do nosso convívio que estão desempregadas, para notar as falhas de atualização de conhecimentos profissionais pessoais, por não serem adeptos da formação permanente.

5.5 Caso VI – Assalto a restaurante

A formação permanente está presente em todas as atividades humanas. Até nos submundos do crime percebe-se isso. Certa vez, cinco ladrões entraram em um restaurante movimentado e requintado de uma capital brasileira, obviamente com um carro de luxo roubado. Um dos ladrões, no papel de motorista, ficou do lado de fora, no estacionamento, observando a movimentação da casa. Os outros quatro entraram para o toalete e cada um saiu em um momento diferente do outro. Sentaram-se em quatro mesas diferentes e eqüidistantes solicitaram o cardápio, pediram do que havia de melhor, já que não iam pagar a conta. Comeram, beberam, pois o trabalhador tem de estar bem-alimentado – mesmo que a sua atividade econômica não seja reconhecida pelo Ministério do Trabalho.

O restaurante dispunha de um palco com um conjunto tocando e quem quisesse poderia ir até uma pista para dançar. Na hora do intervalo da seleção de músicas, o chefe da quadrilha – muito bem-treinado – fez um sinal para o demais colegas, como querendo dizer: *"Vamos trabalhar?"*, subiu ao palco, pegou o microfone e disse: *"Pessoal, boa noite. Eu queria dizer que estou encantado com este ambiente. Há muito tempo que não comia tão bem como hoje. Eu peço uma salva de palmas para o chefe da cozinha"*. Algumas pessoas que estavam prestando atenção, bateram palmas e com isso chamaram a atenção dos demais comensais. E o nosso locutor continuou: *"E o 'maître', então, que cerimonial e 'mise-en-place' perfeitos, palmas, também, para o pessoal de sala"*. E mais comensais acataram ao pedido dele. A essa altura dos acontecimentos todos estavam olhando para ele, pensando ser algum "show", e o proprietário pensando se tratar de alguém que estava em alguma mesa e queria descontrair o ambiente, fazer alguma brincadeira. Por fim o chefe da quadrilha abraçou-se com o maestro e começou a elogiá-lo dizendo que as músicas tocadas tinham mexido muito com ele e que tinha se lembrado de sua juventude e pediu também uma salva de palmas para o maestro e os clientes concordaram e bateram palmas, mais uma vez.

Mas aí veio o golpe final: *"Apenas de uma coisa eu não gostei: os preços oferecidos pela casa. Vocês concordam comigo? Eu acho que o proprietário está roubando a gente, vocês não acham?"* A platéia toda concordou com ele. A essa altura, o motorista, que estava no estacionamento, colocou o carro em posição de saída e com uma arma rendeu o porteiro do restaurante, enquanto o chefe da quadrilha dava o golpe final com o microfone em mão: *"Mas fiquem despreocupados, hoje quem vai assaltar vocês não é o proprietário do restaurante, e sim EU"*. Houve grande tumulto, mas todo mundo se aquietou depois que ele informou que *detestava ver sangue, mas se precisasse...* Neste momento, os outros três componentes da quadrilha que estavam jantando levantaram-se, com suas armas, um dos ladrões de posse de uma sacola, assaltou mais de cem pessoas. Retiraram jóias, relógios e carteiras de todos, sempre com as armas apontadas para as suas cabeças.

Houve momentos de sutileza, como o de uma senhora de idade com os dedos quase com cãibra de tanto anéis e alianças de brilhantes, quando o ladrão tirou seus anéis e percebeu o seu choro, devolveu-lhe a aliança de ouro por ser a de maior estima – a primeira – e levou apenas as de brilhantes. Despediram-se educadamente, pediram licença e foram embora. Sem sangue, sem alvoroço. Um verdadeiro assalto cinco estrelas! Alguns clientes do restaurante deram entrevistas aos jornais dizendo que foram assaltados com muita diplomacia. Tudo isso para demonstrar que até os marginais estão se organizando! Já se foi o tempo de ladrão vestir uma meia na cabeça e entrar nos ambientes fazendo algazarra e cheirando a suor, mal-vestidos!

5.6 Cuidados adicionais

1. Se você não está contente com o que faz, está deprimido e insatisfeito, só você pode mudar esta situação. Quer ter aumento salarial? Quer crescer na empresa? A única pessoa que precisa ser convencida disso é você mesma. Atualize-se e deixe de se lamentar, deixe de lado a auto-piedade. Isto pode revelar que você é um fracassado, um desmotivado. Se você não gosta do que faz como vai convencer um empresário a empregá-lo e remunerá-lo de modo competitivo? Alguns pesam assim: *"Para*

ganhar tão pouco, eu fico em casa". Só pensam no salário nominal. Esquecem-se dos benefícios e das vantagens e, principalmente, que, após a experiência, se aprovados, deverão passar para o nível mínimo da sua faixa salarial. Se você não quer investir em você, como vai querer que os outros invistam?

2. Um outro lembrete. Casem com pessoas que entendam as sutilezas e rotinas do ramo hoteleiro. Casem, se possível, com uma pessoa do ramo. Pois muitos finais de semana, feriados, festas de aniversários o seu parceiro ficará sozinho! Depois de um dia de trabalho repleto de preocupações, chegar em casa e se deparar com a cara feia, da mulher, dos filhos, da sogra, não há quem agüente. A adaptação deve ser até dos recursos proporcionados pela cidade . Uma família bem acomodada: moradia adequada e equivalente a que tinha em sua cidade de origem, escola boa para os filhos e integração social do cônjuge com a nova situação são fatores que contribuem para a tranqüilidade das pessoas que precisam trabalhar de modo competitivo, como no mercado hoteleiro. Existe um grande número de separações conjugais neste meio por falta de conhecimento da profundidade de dedicação que o ramo exige de uma pessoa que realmente queira ser profissional.
3. Sucesso é sinônimo de esperança e expectativas positivas, que geram autoconfiança, além de eliminar medos e fobias. Por meio de atitudes positivas, pode-se buscar acontecimentos no passado que foram ruins, neutralizá-los e dar um novo sentido à vida, treinamento para executar o nosso trabalho com maior qualidade a cada vez, porque o ser humano é composto pela totalidade de suas experiências, um EU naturalmente otimista, positivo e feliz.

6. Concorrência de mão-de-obra estrangeira

Existem muitas críticas à invasão de profissionais estrangeiros no mercado hoteleiro brasileiro. Como o brasileiro está se preparando para enfrentar o desafio que está à sua frente? Universidades com cursos de Hotelaria & Turismo? O Brasil dispõem de muitas e com boa qualidade de ensino. Institutos de idiomas? Dos mais renomados! Parque Hoteleiro? Em ascensão, basta observar os jornais e as revistas especializadas; nunca se investiu tanto na área de meios de hospedagem, turismo e lazer!

Mas será que existe em cada um o desprendimento para a profissão? As exigências são muitas e marcantes. Um empregado do ramo hoteleiro deve estar ciente de que as atividades do seu setor acontecem 24 horas do dia, 365 dias por ano – se não for bissexto. Suas folgas serão, preferencialmente, às segundas ou terças-feiras, férias nos meses de baixa estação, tendo hora certa para entrar e incerta para sair! Provavelmente o seu local de trabalho será numa cidade diversa da que mora, ou um leito de uma cabine da ponte do "staff" de um navio, com fotos das pessoas mais queridas coladas nas paredes e dos amores mais profundos ou proibidos escondidos em gavetas fechadas fora do alcance dos curiosos.

Terá de abdicar do convívio familiar diário. Muitas vezes, será visto conversando com fotos das pessoas mais queridas, como se estivessem ali ao lado. Acordará à noite sobressaltado pensando estar com quem ama do seu lado e, ao passar o braço para aconchegar, perceberá que não há ninguém, abraçou o travesseiro. Muitos aniversários seus e de familiares serão passados trabalhando. Sentirá solidão no meio de tanta gente! Natal ou Ano Novo? Uma das duas datas – ou até mesmo as duas – trabalhará. Muitas vezes a voz ficará embargada pela saudade sentida. Ao conversar por telefone, os olhos embaçarão, ouvir a voz na ligação reduzirá (ou aumentará?) o sofrimento, mas é muito pouco, já que os impulsos telefônicos são muito caros. As cartas recebidas serão lidas e relidas diversas vezes, suas frases decoradas de tanto retornarem à lembrança e ter a convicção de que alguma pessoa muito querida nos aguarda com ansiedade em outra parte do mundo.

Terá remuneração não muito elevada, "living-room", hospedagem, alimentação e lavação de roupa, um percentual sobre as vendas do seu setor. Os estrangeiros estão bem cientes destes pontos que foram apontados como relevantes e aceitaram o desafio. E os brasileiros, estarão preparados para assumir a profissão de modo sério, compenetrado e profissional? Se a resposta for positiva continuem a leitura, caso contrário, não ingressem na carreira hoteleira, pois fatalmente não terão sucesso e, principalmente, estarão tomando o lugar de outros que nestas circunstâncias estariam felizes da vida.

6.1 Síndrome do último ano de universidade

O que será do meu filho quando crescer? Muitos pais se perguntam: *Para que atividade este garoto terá aptidão?* Boa parte dos pais se tranqüilizam, pois desde cedo já percebem no filho o interesse por algum assunto. Mas existem outros pais, que, por mais que tentem entender a lógica de vida dos filhos, têm grandes dúvidas sobre suas habilidades e interesses.

Muitos jovens são imediatistas, impacientes, anciosos ao extremo. Começam a trabalhar muito tarde, com 24 ou mais anos, nunca tiveram responsabilidade na vida, permita-me uma franqueza, por culpa dos pais, por comodismo, falta de interesse em direcionar a vida dos filhos e muitos ainda pensam: *Meu filho não vai sofrer como eu sofri desde cedo, trabalhando como um burro para os outros! Vão aproveitar a juventude, sim, coisa que eu não tive a oportunidade de fazer!*

Têm o trabalho como uma coisa enfadonha, um castigo. Se não encaram o trabalho de um modo saudável, como orientar os filhos para uma profissão? São movidos por ondas. *"Olha meu filho, o que está dando dinheiro hoje em dia é..."*. Os jovens sentem-se comprometidos e começam a estudar uma carreira, simplesmente por acharem que dá dinheiro, que está na moda, que é bonito o título, dá "status", porque o primo está fazendo e ganhando muito dinheiro, etc.

A oferta de vagas para o ensino superior, com raríssimas exceções e, principalmente, nas Universidades Federais e Estaduais, é maior que a procura. O vestibular já não é tão seletivo como antigamente. O primeiro ano dos cursos universitários é muito heterogêneo. Composto por excelentes alunos do segundo grau, só que junto de alunos que *chutaram* as respostas no vestibular. Encontra-se alunos que nunca pararam de estudar, com alunos que há anos não se sentam em um banco de escola. Alunos jovens que há seis meses estavam cursando o segundo grau e que vêm com a mesma mentalidade para a Universidade. Chocam-se com as aspirações dos alunos mais maduros e que estão na classe não para passar o tempo, mas para aprender uma profissão.

Cismas visíveis: a turma dos CDF na frente, a turma do fundão composta por aqueles que não querem nada com nada –, a não ser conversar – a turma do deixa-disso no meio da classe, os fugitivos que ficam próximo da porta, os eternos sonados, dormindo aulas inteiras, não importando o dia da semana ou o horário que estude. *Diz-me onde sentas e te direi quem és!*

Os eternos atrasados – muitos com motivos reais, mas a grande maioria ficou metade da aula conversando nos corredores, namorando nos pátios e comendo nas cantinas. Os que gostam de sair cedo, não importa se o professor acabou ou não há matéria, fecham seus cadernos, estojos, arrumam suas mochilas. Este procedimento tira a concentração do professor e contagia toda a classe. Atrapalham as aulas, naquele entre-e-sai, tiram a concentração do professor e dos colegas. O professor que impõe limites, bloqueia o senta-e-levanta, é chamado de *nazista* e outros vocábulos que a educação não permite registrar.

Os resmungões: *Pô professor, não posso comprar livros, são muito caros. Tem de copiar tudo isso que está no quadro? O senhor poderia me emprestar as transparências para tirar xerox? É muita coisa pra cupiá!*

Visita técnica? *A obrigação da Universidade é dar transporte, alimentação, alojamento, já paga a mensalidade, que é muito cara... Pô Professor, visita técnica logo no sábado! É aniversário da minha vó, missa de sétimo dia da minha vizinha, minha mãe operou as varizes.*

Chamar a atenção de aluno mimado, é uma lástima. Vem pai, mãe, tia aposentada que foi diretora de escola pública no Governo do Jânio Quadros, contestar o por quê do professor perseguir toda a classe, *deixar todo mundo* de exame sempre por meio-ponto. *Por que outro aluno foi fazer estágio no exterior e não a minha filha, que fala alemão tão bem? Se o professor não se retratar com o meu filho, que por sinal nunca mente, vou denunciar a escola no programa do Ratinho, do Leão, no Cidade Alerta, etc.*

Os semestres vão passando. Os pais fazendo um sacrifício imenso para manter o filho na Universidade. Contam os meses que estão faltando para a formatura, pois encaram a despesa da mensalidade como investimento no querido filho. Deixam de viajar, compram o mínimo e o necessário para o dia-a-dia da casa, roupa, então, só no Natal quando vier o 13º salário. Mas ficam esperançosos, pois estão investindo o valor de um automóvel médio na educação do filho.

Enquanto isso, este aluno começa a pegar as manias dos professores de como obter aprovação. Os mais esforçados dividem os trabalhos de equipe com os demais colegas, fazendo verdadeiros trabalhos de *EUquipe*. Cada um faz uma disciplina. Quem tem computador com internet, deita e rola! Pesquisa "sites" interessantes e começa a dar *consultoria* de trabalhos de *EUquipe*. Mas tal atividade tem seus riscos e controles. Não pode apresentar para o mesmo professor trabalhos *clonados,* ou seja, simples *seleciona tudo* no computador e muda apenas o *tipo e o tamanho de letra.* Precisa, também corrigir os erros de Português: *Portugues tem ou não tem acento?* Para pegar estes *consultores* basta comparar a forma de redação do *trabalho de EUquipe* com as respostas dadas nas provas. Pedir bibliografia para esse tipo *intectual* é um drama. De certa feita um aluno copiou a apostila do próprio professor que estava na biblioteca de outra escola e apresentou como sendo original seu! Já sabem qual foi a nota.

Os que são mais falantes, ficam com as tarefas de exposição oral e os mais tímidos sentem-se importantes, projetando o trabalho feito em "power-point" no "data-show". Mas existem aqueles que nunca dão sua participação; como subterfúgio começam a namorar as meninas mais inteligentes e, por beijos e amassos, têm seus nomes inclusos nos trabalhos. Os que namoram meninas de outras classes e os que têm condições financeiras, bancam tudo, pagando o custeio dos trabalhos.

E os semestres vão passando. Nas provas, colam uma questão do colega da frente, dão uma *bicada* na prova do colegas do lado. Quando vêm as notas, tiram as melhores! Vanglória! Se por acaso alguém deu cola errada e comprometeu sua avaliação, dá um "cascudo" no coitado. Gostam de comparar as respostas: *Pró, tá igualzinha, por que ela tirou dois e eu um e meio?... Fessô, isso é perseguição, o senhor não disse que ia descontar erros de Português, concordância, pontuação, aliás a prova é de Istória do Brazil! Persseguição!... Pódi esperar Qui vô pidí revizão de Provas e o senhor vai perdê o imprego! Já tô cum baicho açinado cumigo!* Os mais tímidos ou expulsos de suas *equipes*, têm de se virar sozinhos. Começam a fazer colas e mais colas. Provas dadas em dias quentes e os coladores de mangas compridas, geralmente usam boné com aba longa, sacolas imensas, dois agasalhos sobressalentes, uma pilha de apostilas xerocopiadas.

Jogam os cabelos longos de um lado para o outro, abaixam a cabeça quase em cima da prova ou ficam com torcicolo e vesgos de tanto olhar para a prova do colega! Fazem uma crítica saudável: *Pô, que letra horrorosa, não dá prá ler nada!*

Vamos fazer uma campanha a favor da cola! A cola é um método de ensino muito eficaz. O aluno – primeiramente – precisa ler toda a matéria com compreensão e em segundo lugar fazer resumos do que vai ser colado. Pelo amor de Deus, matemática, estatística não se estuda deitado e lendo as contas feitas! Este resumo dá origem a tópicos especiais e palavras-chave para pescar. Daí vem a terceira fase que a é *miniaturização* dos resumos, para não dar na vista do professor. Faça uma primeira tentativa. Ficou muito grande? Faça a segunda menor, puxa, quase perfeita! Agora, faça a terceira. Ficou ideal. Pronto. Coloque no bolso e vá relendo até a hora da prova, para saber onde está cada tópico. Só que a essa altura, quando você for responder à questão, na prova, já tem a matéria toda memorizada e não precisará se expor para tirar uma boa nota, pois o conhecimento já foi adquirido. Vamos mudar o ditado: Quem não cola não sai da escola... *Quem não faz a cola, não sai da escola!*

Os pais continuam empolgados: *Puxa, vejam só as notas do meu filho? Vai ser um grande profissional! Que bom, este é o último ano que pago a Universidade. O ano que vem meu filho será Bacharel – que orgulho!* E o pai bufa esperançoso: *O retorno financeiro vai começar a aparecer!* A mãe abraça a vovó e as duas choram de felicidade...

Chega o último ano da Universidade!

Parte da turma que – no decorrer dos 4 anos – quando a coordenação falava em prática operacional não remunerada ou com uma pequena ajuda de custo, para treinarem o que aprenderam em classe – o negócio ficava feio: *Estão me explorando... Pô me botaram pra arrumar cama, montar mesas, lavar louças, pô... nem na minha casa, eu quero ser gerente de hotel... sou universitário e não universiOTÁRIO... Tenho de pegar 2 conduções para ir até lá! Nem a minha mãe fala comigo desse jeito! Tem de entrar às 8h da manhã?... Quem ele pensa que é?* Os pais condoídos com o infortúnio do filho, resolvem o caso. Têm um amigo do peito que é dono de um hotel ou de uma agência, que lhe deve alguns favores, então, dará a carta de estágio para o querido e amado filho.

Mas o garoto se desespera, mesmo assim, pois tem de preencher os dados, usando os fundamentos de Metodologia Científica que aprendeu lá no primeiro semestre. *Só um gênio para lembrar o que foi dado naquela aula chata, com aquele professor sisudo, que sempre chegava tarde* e que não sabe nem qual era o nome dele: *Agência de Turismo e de Viagens são diferentes! Nunca ouvi isso! Olha que eu não perdia uma aula! Que porcaria de escola!*

Pior que o estágio – em que teve dificuldades até no modo de perguntar para a arrumadeira como se fazia envelope. *Que coisa mais esquisita, só pode ser coisa de americano que não tem o que fazer!* – foi fazer o TCC – Trabalho de Conclusão de Curso. Escolher o tema, um drama. Cumprir o roteiro já elaborado, que enfado. Que empresa vai escolher? Não tem nem idéia, pois nunca participou de nenhuma atividade extra curricular, aliás, coisa de *trouxa, idiota, puxa-saco...*

Começam, então, os mecanismo de auto-defesa:

> *"Que porcaria de escola que eu fiz, só sabiam cobrar mensalidade cara! Aliás nem está reconhecida pelo MEC Outro dia, ouvi falar que alguém ficou sabendo que, tudo está irregular! Quando o MEC vier, vai fechar, tenho certeza. Pô, perdi um dinheirão do meu pai! A sorte é que ainda não tem o Provão senão estaria pior. Como posso arrumar um emprego se não tinham nenhum laboratório?"*

Os pais esperançosos continuam a fazer planos para o seu filho que logo, logo será um Bacharel... ou será um *baixaréu*! Doenças são instaladas, distúrbios emocionais dos mais diversos, depressão tomando conta do nosso aluno, pois chegou a hora de provar que é bom! Acabou a brincadeira! Tenta uma colocação, mas ao avaliarem seus conhecimentos... a família entra em desespero: *Quatro anos jogados fora, de dinheiro e esperanças!* Começam a sublimar o desencanto:

> *"Com este governo também... não é bom nem pensar... Também com estes planos econômicos malucos... como é que um rapaz esforçado como o meu filho pode ter um futuro?... Tudo é muito bonito lá em Brasília, manda que venham fazer compras aqui no Mercado do Ipiranga, com o dinheiro da aposentadoria que eles têm coragem de pagar para o teu pai... depois de 35 anos de trabalho honesto!"*

Enquanto isso, os melhores alunos estão com bons empregos. Durante os 4 anos ouviram com compreensão as aulas ministradas, compraram no mínimo os livros-texto exigidos, ou, pelo menos, leram na Biblioteca, foram pró-ativos nos trabalhos de classe, participaram das visitas-técnicas, trabalharam nos laboratórios, participaram de feiras, congressos, convenções, foram monitores de disciplinas, cumpriram corretamente as práticas operacionais esforçaram-se, fizeram estágios internacionais, solidificaram os idiomas aprendidos durante o curso, logo estarão fazendo Mestrado e poderão dar aulas com convicção.

Ainda há tempo! Você quer se formar de modo digno ou vai esperar os seus colegas de classe se prepararem como Mestres, para lhe repassar conhecimentos?

Nem tudo são flores! Por ocasião da formatura, os pais chorosos, contentes, namorado orgulhoso, mas uma pessoa me fitava com um olhar reprovador: a avó da formanda. Inquirida sobre a sua atitude reprovadora, confessou em voz alta, que, depois que a neta começou a fazer o Curso de Hotelaria, começou a retrucar tudo que fazia em casa. A neta começou a dizer que a avó não sabia fazer a cama direito, que higienizava os banheiros de modo errado. Depois que ficou 3 meses na França, começou a criticar os molhos, os cortes de carne e de legumes, o modo de arrumar a mesa, etc. Um único cuidado com os cursos bem-feitos: quando você ficar crítico ao extremo, chato, vendo defeito em tudo, é sinal de que você está formado! Mas relaxe, senão você não vai aproveitar a vida.

7. Pesquisa de campo: viajar é bom?

No começo do século, os fatos geradores de viagens turísticas prendiam-se em aumentar os conhecimentos sobre geografia, história e fatos econômicos. Hoje em dia, além desses interesses, nota-se um significativo número de viajantes que busca conhecer os fenômenos sociais que ocorrem no mundo. Junto com essa busca constante do conhecimento global do homem, sua origem e evolução, também o conhecimento de sistemas organizacionais tem empolgado muitos viajantes. Cada turista é um perito observador privilegiado de usos e costumes da humanidade. As viagens servem para comprovar as mudanças paradigmáticas que estão ocorrendo em todo o mundo e o turista espera não sair frustado desta empreitada.

KRIPPENDORF (1989) comentou que:

> *"Viajar, não mais com o objetivo primordial de esquecer o cotidiano, mas viajar para usufruir a oportunidade de enriquecimento íntimo, de exercer a liberdade escolhida, a compreensão mútua e a solidariedade, e redescobrir um pouco de tudo isso no cotidiano, ao regressar."*

Com as belezas naturais que o Brasil tem, com o parque hoteleiro já estruturado em muitas cidades, clima tropical, mais de duas mil praias ensolaradas, a facilidade de se ter um único idioma em toda a extensão territorial – com variações de sotaque que dão mais charme ao atendimento – só falta, realmente, o desenvolvimento dos talentos humanos de modo racional e sério. O turista tende para o hedonismo, ou seja, considera prazer e lazer componentes fundamentais de uma viagem.

No Brasil, o treinamento deve começar com a implantação de uma postura social, educação básica, ensinar a cumprir o prometido, ser rápido, ter boas maneiras, modos clássicos de se expressar e de se portar. Sem a observação desses tópicos, fica muito difícil a mudança de atitudes visíveis aos olhos dos turistas. Estas mudanças devem ocorrer, objetivando a melhoria da qualidade dos serviços, elaboração esmerada dos produtos e atendimento cordial feito por profissionais de talento.

Todos estes fatores, se não forem devidamente gerenciados, poderão gerar ansiedade no quadro funcional, expectativas das mais diversas, criar uma agonia pelo tempo perdido, pela falta de esperança de muitos, a desmotivação de outros, redundando em serviços de baixa qualidade.

Do outro lado do balcão, encontraremos hóspedes anciosos, também, por conhecer novos lugares, com o estado emocional latente, ávidos de tendências consumistas, e que exigirão dos empregados do hotel retorno de cada Real/Dolar pago por seus serviços. Se forem adequadamente tratados, sentir-se-ão relaxados, confortáveis e voltarão ao hotel. Quem já não teve uma viajem estragada por empregados que não tinham a menor postura profissional ou não foram treinados adequadamente?

Em recente viagem ao Canadá e Estados Unidos o autor questionou aos WISBECK[2], que faziam parte do grupo, o que eles entendiam por expectativa de Qualidade de Serviços Turísticos, as respostas foram:

"Qualidade é satisfazer as nossas necessidades básicas. Quando viajamos as expectativas são diferentes para cada um dos componentes do grupo. Expectativas e ansiedades, também divergem em função da faixa etária. Bom serviço para nós, na realidade, é quando criamos uma expectativa antes da viagem e, quando chegamos no destino, ocorre como pensamos. Quando a expectativa ultrapassa aquilo que é razoável, vem o espanto ou admiração. Depende muito do grau de exigência dos viajantes. A qualidade tem de ser dividida em duas partes: a qualidade de quem te atende e a de quem compõe o grupo. A má constituição de um grupo pode por tudo a perder."

Quando foram questionados sobre o que mais lhes importava numa visita a um local turístico, a resposta foi:

"Algum guia turístico, alguém do hotel deve nos entusiasmar sobre aquilo que se pretende conhecer, através de prospectos e conversas informais. Isto é fundamental para despertar a nossa curiosidade."

Com relação aos preços praticados no Brasil e no exterior foram unânimes em comentar como são caros os serviços hoteleiros no Brasil e sem ter a infra-estrutura necessária.

---

[2] Alberto Wisbeck, Alberto Wisbeck Filho e Ednilson Wisbeck (ver referências 3, 4 e 5).

> *"Pagamos em um hotel defronte ao Madison Square Garden, em Nova York, na alta estação, mais barato que hotéis de Campos do Jordão. No exterior, mesmo que o hotel não tenha café da manhã incluso na diária, por exemplo, com US$5 no Ponderosa de Orlando – Flórida toma-se um excelente "breakfast" com mais de 45 opções de pratos. Achamos muitas cidades brasileiras bonitas, mas com preços impraticáveis."*

Outro dia, no Guarujá, fora da temporada, o autor rodou várias quadras da praia da Enseada para conseguir uma refeição boa e barata, mas por estar sozinho teve muitas dificuldades, pois em TODOS os restaurantes só existiam pratos para duas pessoas e a partir de R$25 sem bebidas e sem a gorjeta. Um absurdo! Principalmente por não respeitar a individualidade dos componentes de um grupo. Pode-se ir com mais dois amigos para almoçar e nem por isso ser obrigado a comer a mesma comida! E quem vive ou viaja sozinho, como fica? Será que os hoteleiros não notaram, ainda, quantas pessoas viajam sem acompanhante? Em resumo, o autor foi obrigado a comer isca de peixe com molho tártaro, aperitivo, para *duas pessoas,* coisa que não queria, se empanturrou de fritura – outra coisa que não desejava – e mesmo assim gastou R$25 tomando Coca-Cola. No Golden Curral – em Orlando – na alta estação, bufê completo com mais de 40 variedades de pratos com bebida e sobremesa não gastou mais de US$9! Um absurdo!

Depois os proprietários se perguntam: *"Por que o meu restaurante está vazio? Por que a taxa de ocupação do meu hotel é baixa? Por que os turistas são de apenas um dia (excursionistas) e por que trazem comidas e bebidas das suas casas?"* Será que os empresários não estão indo com muita sede ao pote e querendo ganhar MUITO DE POUCOS, quando a maximização do turismo é ganhar POUCO DE MUITOS?

Não basta ser bom de vez em quando, tem de ser bom sempre. Não basta ganhar dinheiro na alta estação é preciso ganhar o ano inteiro, crie situações para sempre estar com a sua casa atingindo o ponto de equilíbrio. Tome decisões hoje para que ela esteja aberta não só nesta temporada, mas em muitas temporadas. Não se esqueça da população permanente que reside em sua cidade! Muitos menosprezam este mercado significativo! E tenha sempre em mente: o cliente não é tolo!

Muitas vezes os preços dos hotéis são compatíveis com os dos demais países do mundo, só que a infra-estrutura não acompanha a dos hotéis de mesma categoria e, quando acompanha, os preços dos serviços são exorbitantes. ALBERTO WISBECK FILHO[3], executivo da ABB, que normalmente viaja pelo o mundo e também recepciona executivos da sua empresa de todas as partes do mundo, comenta o espanto de seus diretores que são obrigados a se hospedar no Brasil, mas necessitam estar sempre em contato com suas bases operacionais no mundo inteiro. Primeiro, surge a dificuldade de liberação das linhas telefônicas e, segundo, os preços cobrados pelos serviços telefônicos deficientes *"são exorbitantes. O total de despesas telefônicas chega a ser quase tanto quanto o montante de diárias do hotel."* Comentavam: *"Isto é um roubo, não pagamos estes preços em nenhum lugar do mundo"*.

Parte da culpa está na empresa de telecomunicações que *explora* os serviços, mas uma boa parcela da culpa está nos hotéis que também *exploram* o hóspede colocando sobretaxas excessivas sobre a tarifas normais. Os hoteleiros estão sofrendo muito com a instalação e a popularização da telefonia celular.

Quando se viaja a serviço, muitos pontos deficientes de qualidade não são relevados pelo "status" social do evento ou da negociação. A preocupação maior para o hóspede é conquistar o seu cliente, fechar um contrato importante. Quando se viaja com fins turísticos, um dos principais fatores é o de economizar em pernoites e alimentação, para se gastar mais em passeios, compras e entretenimento. Existem exceções? Sim, mas a grande massa de turistas enquadra-se no primeiro caso. Como diz EDENILSON WISBECK[4]:

---

[3] WISBECK FILHO, Alberto. Engenheiro. Executivo da ABB. São Paulo (SP)

[4] WISBECK Ednilson. Advogado. Rio de Janeiro (RJ) Entrevista concedida em janeiro de 1998.

> *"Não é economizar, mas pagar o preço justo pelo bem ou serviço adquirido".*

Alberto Wisbeck Filho complementa:

> *"É o que o americano chama de 'value for money' (valor do dinheiro) o quanto está recebendo de serviço por aquele valor monetário que ele está pagando: custo-benefício. Além disso, perde-se um tempo enorme no 'check-in' e no 'check-out', mesmo que já se tenha reserva confirmada, com todos os dados pessoais e de cartões de créditos, chega ao hotel e deve preencher tudo de novo. Muitas recepções dispõe de 3 ou 4 funcionários mas apenas 1 está no balcão fazendo o 'check-in' e os demais não tomam conhecimento de que há um hóspede ali, louco para chegar ao quarto e relaxar da viagem. No 'check-out', a demora também é imensa. Os hoteleiros têm de se organizar, pois os hóspedes, hoje em dia, não dispõe de muito tempo para essa parte burocrática emperrada.*
> *A conferência da geladeira do apartamento é muito irracional e demorada. Muitos hotéis estrangeiros já abandonaram tal sistema, substituindo-as por máquinas de caça níqueis nos corredores, serviço de room-service eficiente, ou geladeira nos quartos com água e refrigerante com o custo embutido na diária.*
> *Água é questão de sobrevivência para o ser humano, portanto, deveria ter um preço mais módico, levando em consideração que o hóspede já está pagando uma diária de hospedagem. Nos países desenvolvidos, a água que é servida aos apartamentos é filtrada e você pode bebê-la diretamente da torneira com tranqüilidade.*
> *Lavação de roupa é outro item que chateia. Pelo preço de 3 lavagens você adquire uma peça de roupa nova! Não faz sentido. Os preços são muito altos e não é porque os salários dos empregados é elevado, é ganância pura! Em função dos preços elevados, a usina da lavanderia fica ociosa e encarece cada vez mais este serviço."*

Com relação às informações de apoio na recepção do hotel, ALBERTO WISBECK[5] em uma viagem ao norte no Brasil, sua neta teve uma indisposição e ninguém da recepção ou gerência do hotel tinha à mão uma lista de médicos ou clínicas de emergência que pudessem atendê-la.

"Quem teve de procurar o médico fui eu mesmo."

Quando questionados sobre a infra-estrutura das companhias de aviação foram unânimes em afirmar o jogo de empurra-empurra a bordo de um avião, onde os comissários não dão soluções ou orientações e transferem toda e qualquer tomada de posição para o pessoal de terra. EDNILSON WISBECK, em função de seu trabalho como advogado – depara-se, vez por outra, com a necessidade de mudar o horário/trecho da passagem. Para mudar, tem-se a necessidade de emitir um novo bilhete.

"Emitir um novo bilhete ou bilhete normal com respaldo de um PTA (Prepaid Ticket Advice)em um balcão de companhia aérea, gasta-se, no mínimo, 30 minutos. Poderiam simplificar sobremaneira a emissão dos bilhetes. Já tive oportunidades de levar mais tempo emitindo o bilhete, que o percurso da viagem. Isto é um absurdo! Se o sistema "on-line" de reservas sair do ar, aí é que você está perdido. Se você é o quarto ou quinto da fila, tem que dar uma alterada de voz, pois, senão, vai perder o vôo por não conseguir chegar ao balcão. No exterior, em vôos domésticos, você compra o bilhete dentro do próprio avião debitando o valor do seu cartão de crédito. No Brasil deveríamos adotar este modo simplificado – como já é praticado na Ponte Aérea Rio-São Paulo – para agilizar os embarques nos aeroportos."

---

[5] WISBECK, Alberto. Administrador aposentado da Codesp. Santos (SP)

FRANCISCO DINIZ informou que a burocracia e a demora na emissão dos bilhetes, nas agências ou no próprio balcão do aeroporto, no momento do embarque, tende a terminar.

> *"Esta mudança exigirá um investimento que as companhias aéreas, as agências e a administração dos aeroportos terão de fazer: máquinas automáticas de emissão de bilhetes, com já existe no mundo todo.*
> *O cliente se dirige a um terminal de computador, opta pelo vôo que quer, tipo de tarifa, como vai efetuar o pagamento, geralmente cartão de crédito, e, clicando um botão, o terminal emite o bilhete. O sistema já existe e algumas companhias aéreas já têm implantado nas lojas e no aeroporto, só que ainda não puderam fazer de modo mais universal, com é o desejado."*

Com relação aos serviços de migração, ALBERTO WISBECK FILHO, uma vez, esteve a serviço, no Egito, por dez dias, na cidade do Cairo.

> *"Existe uma lei no Egito, depois de uma semana você tem de renovar o visto de permanência e eu não sabia disso. Na última hora, um egípcio viu minha documentação toda e disse que eu ia ter problemas na hora de sair do país ou melhor, não ia conseguir deixar o país. Fui tentar renovar o passaporte, só que lá o final de semana é diferente. O domingo lá é sexta-feira e ia fechar tudo. Fui falar com um egípcio da alfândega mas ele não falava inglês. Peguei e voltei para o hotel. Falei com o gerente do hotel e ele pediu o meu passaporte e disse para que eu passasse no final da tarde. Não, eu não posso ficar sem o meu passaporte é o meu único documento. Tudo bem, disse ele, você me dá US$50 e eu vou providenciar a renovação. Fiquei observando a operação: o gerente foi até a sua sala, pegou um carimbo na mesa dele, carimbou, deu para um policial*

que estava ao seu lado para dar um visto e ele me trouxe o passaporte revalidado. São estas dificuldades impostas aos turistas para depois vender facilidade que irrita a qualquer um que se disponha a viajar."

Quando inquirido sobre se, alguma vez, algum hotel o impressionou, ALBERTO WISBECK FILHO lembrou-se de um hotel na cidade de Jackson, no Tenesse, cidade pequena perto de Memphis fora do fluxo forte de turismo:

"Fiquei lá duas noites em função de um seminário que estava participando, a maioria dos componentes do grupo era sueca, um hotel tipo vila inglesa, quarto bem confortável, comida excelente, ambiente aconchegante e paguei apenas US$24 a diária completa. Inacreditável!"

Será que não é isso que faz a grande diferença do porquê o Brasil recebe 5 milhões de turista estrangeiros/ano contra 50 ou 60 milhões nos países da América do Norte e da Europa? Será que não estamos explorando o turista e não o turismo?

Outra coisa que os WISBECK não concordam e acham de mal-gosto, são os formulários de avaliação da hospedagem preenchidos do final da estada:

"Do que adianta para um gerente saber – após o "check-out", dos hóspedes – que 8,3% ficaram descontentes com a lavanderia. Cremos que seria muito mais válido, eles repassarem a nossa camisa mal-passada, pois iríamos embora com boa imagem dos serviços prestados."

Se a avaliação estatística agregar algum valor aos serviços prestados para o avaliador de modo imediato, então o procedimento de investigação terá atingido sua plenitude. Mandar cartas posteriormente apenas amenizará, mas não solucionará os problemas. Para o hóspede aquela insatisfação gerada já é passado, mesmo que para o hotel possa significar uma mudança de postura para com outros hóspedes.

Portanto, o meio adequado de se avaliar os serviços, é por meio de um serviço eficaz de "Guest Relation", sorteando hóspedes diariamente e questionando-os se algum fato o descontentou e corrigir os erros durante a estada do hóspede. É usual dar um *mimo* ou um "drink" como agradecimento pela atenção do hóspede pesquisado.

Complementando, ALBERTO WISBECK FILHO acha válido que os hoteleiros sejam adeptos do "Benchmarket":

> *"Fazer o que está sendo feito em todo o mundo, ou seja, tomar referência para crescer. Toda satisfação do cliente depende de todos os 'gap' de percepção entre o que se espera de necessidades pessoais, experiência passada e aquilo que se escuta. Daí se cria uma expectativa de serviço. Depois se cria um 'gap' entre o que se esperava e o que se recebeu. Um outro 'gap' é o a da percepção da gerência sobre o que o cliente está querendo receber."*

Qualquer pessoa que vem ao Brasil pesa alguns fatores. Primeiro o Brasil é um país relativamente distante para um europeu ou um americano. Qual o parâmetro de comparação deles? Hotéis da região em que residem ou que estão acostumados a viajar. Para eles a expectativa latente é a de receber tratamentos, no mínimo, semelhantes. Quais as necessidades pessoais deles? Segurança, não se sentir explorado, encontrar agentes facilitadores de serviços.

> *"Existe, hoje, um 'gap' muito grande entre aquilo que o pessoal que viaja deseja e o que os hoteleiros percebem como sendo um desejo do hóspede. Muitas vezes se é mais bem-atendido em um restaurante pequeno e simples, que em um ambiente sofisticado de um restaurante internacional de um hotel, tudo em função da expectativa."*

Se for analisado o item segurança se percebe que muita coisa tem de ser feita para atrair o turista para as nossas cidades. Além dos *roubos* das diárias, preços exorbitantes de alimentação e transporte, os turistas que vêm nos visitar se expõem a outros tipos de riscos. Causa grande mal-estar ver turistas, em algumas cidades brasileiras, visitando nossos pontos históricos, *protegidos* por seguranças, para que nenhum pivete arranque-lhes a filmadora, um tênis ou saia correndo com a bolsa de alguma visitante. Constrange-nos mais ainda, ver hoteleiros pagando proteção para quadrilhas locais tomarem conta de seus hóspedes nas praias, a fim de que não os assaltem e nem deixem que outras quadrilhas o faça.

O autor viaja muito por todo o Brasil e fica o dia todo de terno e gravata dentro dos hotéis, mas, em algumas cidades, na hora em que se vai dar um passeio ou vai às compras, têm de se *desarrumar para sair*, senão dá na vista e será assaltado. Um absurdo!

Com a municipalização do turismo, os senhores Prefeitos e Secretários de Turismo e de Segurança Pública precisam repensar seus esquemas de proteção aos turistas, por ser um dos fatores mais relevantes. Pois a melhor propaganda é aquela feita boca-a-boca. Fatalmente todos os turistas que foram explorados e lesados ou se sentiram inseguros, vão chegar em suas cidades e vão dizer NÃO VISITEM TAL CIDADE!

Perguntando a ALBERTO WISBECK – aposentado e com um rendimento compatível com a sua classe social, o que falta para que a população da melhor idade possa viajar mais, principalmente fora da alta estação, quando os hotéis têm uma taxa de ocupação menor, e a resposta foi:

"Deveria haver algum agente facilitador ou um incentivo para que nós pudéssemos pegar um ônibus, navio ou avião e termos um tratamento condigno, sem luxo, mas com conforto mínimo. Outro fator que nos atrai é a segurança, além de desejarmos pagar um preço justo. Com estas posturas nós viajaríamos muito mais. Estaríamos nos divertindo e gerando empregos o ano todo. Na Suécia, as pessoas de idade pagam a metade de todos os pacotes turísticos."

ÉLCIO SPINA[6], em recente viajem à Argentina, hospedou-se em hotéis de 3, 4 e 5 estrelas e comentou:

> *"Paguei preços de hospedagem que variaram de US$40 no interior a US$140 em Buenos Aires. Achei o táxi na Argentina relativamente barato. Você é mais bem-atendido nos restaurantes da rede hoteleira que nos restaurantes individuais. Uma coisa eu constatei: a polícia é corrupta em qualquer lugar do mundo! Na volta da Argentina passamos por Foz do Iguaçu e nos perguntamos quanto não seria válido um investimento para iluminar as cataratas de Foz do Iguaçu? Para quem conhece Niagara Falls como nós conhecemos, as nossas cataratas dão de dez a zero. Só que o americano faz um show de luzes e som que encanta a todos os visitantes. Não poderíamos fazer algo semelhante?"*

Com relação ao deslocamento até os pontos turístico, tome-se, por exemplo, o fluxo de veículos que desce de São Paulo pela Serra do Mar em direção à Baixada Santista. Variam de 200 a 500 mil veículos/dia em finais de semana ou época de temporada. Os motoristas chegam a levar 4 ou 5h para andar 100km pelo complexo Anchieta–Imigrantes, em alguns horários, nos finais de semanas e férias! Com a pista nova concluída o volume será ainda maior.

Com toda esta massa de consumidores passando nas portas dos hotéis e restaurantes, existem casas que não conseguem lotar suas dependências? Alguma coisa está errada. E este erro não está na *demanda* e sim na *oferta* de produtos, bens e serviços a preços convincentes. São Paulo é pólo emissor para New York, Orlando, Miami, Cancum, Aruba, Norte e Nordeste do Brasil, Buenos Aires, Las Leñas, etc. e não é pólo emissor para o litoral paulista? Alguma coisa tem de ser feita, e rápido, pelos prefeitos e secretários de turismo. O

---

[6] SPINA, Elcio. Empresário do comércio paulista com grande vivência de viagens internacionais. Entrevista concedida em janeiro de 1998.

litoral paulista, para quem conhece, não fica a dever a nenhuma região turística em beleza e atrativos. Basta organização.

Outro fator importante para a Baixada Santista, que muito incrementará ao fluxo turístico na média e baixa estações é o Mendes Convention Center. Com capacidade para 4.800 congressistas/dia, fora o espaço de Feiras e Exposições, está sendo criada, uma oferta de 2 mil unidades habitacionais, de 10 mil refeições/dia, locação de 120 ônibus de turismo para mostrar as nossas belezas, geração de empregos diretos e indiretos. Nunca vi Santos com perspectivas tão boas! Não esquecer que os viajantes, hoje em dia, pensam muito no custo-benefício: Gasto US$1.200 para passar 10 dias nas serras gaúchas ou 20 dias em Aruba?

Em um país com mais de 2.100 praias – as da região Norte e Nordeste têm mais de 3 mil horas de sol por ano – um país sem terremotos, sem furacões, sem maremotos, aeroportos com relativa infra-estrutura, cidades relativamente planejadas, hotéis construídos dentro de parâmetros internacionais e os hoteleiros com suas dependência vazias? Algo está incoerente!

Busque o que está errado dentro do seu empreendimento turístico, busque a excelência na qualidade, arrume coisas que estão ao seu alcance para consertar, participe da sua comunidade e dê idéias para que sua microregião desenvolva seus atrativos.

"KARL POPPER reconheceu as limitações da postura racional do ser humano, porém, ele propõe a necessidade de continuarmos a utilizar a inteligência para resolver nossos problemas. Para isso é preciso encarar as teorias como mutáveis. Elas são hipotéticas e presuntivas, portanto, podem ser anuladas, transformadas ou ampliadas. Elas jamais perdem o caráter provisório."
TRIGO (1996)

Inove, busque soluções factíveis, mas não venha com chavões do tipo: *"Sou um infeliz, o governo não faz nada pelo turismo na minha região. A minha região chove muito, não tenho saída..."*

Primeiro, esqueça o paternalismo governamental. Já acabou, graças a Deus. Segundo, se em sua região chove muito, e você acha que é negativo, transforme-o em positivo. Divulgue o seu hotel ou a sua cidade onde a chuva seja raridade. Faça uma campanha de marketing da sua cidade nas zonas da seca no Norte e Nordeste do Brasil, traga visitantes da Arábia Saudita, Egito e outras regiões do mundo onde a chuva seja rara, transforme o que você acha negativo em oportunidade de ganho de mercado. Alguém, agora mesmo, em algum lugar do mundo, estaria feliz da vida tomando um banho de chuva na sua cidade.

> *"O ato de se deslocar geograficamente implica contatar culturas diferenciadas. Quem viaja não pode ser xenófobo ou etnocentrista. Precisa compreender que não existem costumes universais."*

TRIGO (1996) e BACAL (1996) complementaram que

> *"O conhecimento dos mercados real e potencial, dos motivos das viagens, requer atendimento das ciências que embasam a teoria da atividade turística, entendida como um tipo de comportamento humano, como um fenômeno social de massa e também como atividade econômica."*

Concorda-se que existem pessoas que sabem programar suas viagens e também Hoteleiros que sabem receber muito bem, mas o inverso também constitui-se em uma verdade absoluta. Uma significativa parcela de *proprietários de hotéis* ainda não descobriu que preparando adequadamente seus empregados, quem primeiro terá retorno desse investimento, serão eles mesmos, pois dará satisfação plena aos seus hóspedes, terá retorno financeiro e crescimento econômico.

Quem dá uma explicação final é ANSARAH (1996) pois:

> *"O turismo representa não somente um veículo de compreensão entre os povos, mais também uma revitalização da própria comunicação social e,influi nos usos e costu-*

mes das sociedades receptoras como resultado da aculturação onde os anfitriões incorporam e divulgam a cultura entre sociedades a ponto de ser integrante e atuante do cotidiano urbano."

Bibliografia

ABRESI. *A indústria do turismo no Brasil. Perfil e Tendências.* São Paulo. H&D, 1996.

ANDREAS, S. *PNL, a nova tecnologia do sucesso.* Rio de Janeiro. Campus, 1997.

ALBRECHT, K. *Programando o futuro.* São Paulo. Makron Books, 1994.

ANSARAH, M. *Cultura e suas manifestações no cotidiano urbano: aspectos do turismo e do Lazer.* São Paulo. Edicon, 1996, p. 61.

BACAL, S. *Ensino em turismo – turismo e lazer: prospecções da fantasia do ir e vir.* Tupã Gomes Correa. São Paulo. Edicon, 1996, p.17.

BAUDER, R. *Programação neurolingüística.* (s.d.)

DAMAS, D. *Reflexão dos grandes vencedores.* Video do Círculo dos Profissionais de Vendas 1994.

GOLEMAN, D. *Inteligência emocional.* Rio de Janeiro. Objetiva, 1995.

ISHIKAWA, K. *Controle da qualidade total: a maneira japonesa.* Rio de Janeiro. Campus, 1997.

JAMES, W. *The principles of psychology.* New York. HOLT & Co. (s.d.).

KRIPPENDORF, J. *Sociologia do turismo.* Rio de Janeiro. Civilização Brasileira, 1989.

MORGAN, G. *Imagem da organização.* São Paulo. Atlas, 1996

RIBEIRO, L. *O sucesso não ocorre por acaso.* Rio de Janeiro. Rosa dos Tempos. 1992.

RUSCHMANN, D van de Meene. *Tendências para o desenvolvimento do turismo.* Ensino de Turismo e lazer. São Paulo. Edicon, 1996, p. 88.

TRIGO, LGG. *Turismo e qualidade: tendências contemporâneas.* Campinas, Papirus, 1996.

VIGNERON, J. *Comunicação interpessoal e formação permanente.* São Paulo. Angellara Editora. 1997.

WOOD JR T. *Mudança organizacional: aprofundando temas atuais em administração de empresas.* São Paulo. Atlas, 1995, p 260.

WEISSINGER, H. *Inteligência emocional no trabalho.* São Paulo. Objetiva, 1997.

WURMAN. *Ansiedade da informação* (s.d.).

Capítulo 3

HOTELARIA & TURISMO

1. Momento econômico

> *"O mundo mudou. Os mercados mudaram. Os clientes mudaram. A tecnologia mudou. E as companhias, originalmente definidas para lidar com um mundo que agora já não existe, foram pegas nas correntezas dessas mudanças. As companhias aéreas, nos EUA, acumularam perdas num período de cinco anos que excederam todos os seus lucros coletivos desde a primeira decolagem dos irmãos Wright no Kitty Hawk, em 1903."*
>
> ALBRECHET (1994)

A Hotelaria e o Turismo podem se constituir em grandes geradores de empregos, impulsionando o desenvolvimento econômico, trazendo divisas e gerando oportunidades de ganhos por todas as castas da sociedade, empregando desde os pós-graduados até o mais humilde dos trabalhadores. Segundo a OMT – Organização Mundial de Turismo, o movimento turístico é responsável pelo movimento econômico de cerca de US$4 trilhões em todo o mundo, movimentando um fluxo em torno de 600 milhões de turistas, sendo os principais destinos turísticos França, recebendo cerca de 60 milhões de turistas, Espanha e Estados Unidos recebendo em torno de 45 milhões cada um, Itália 30 milhões e China em torno de 24 milhões. O Brasil no mesmo período – 1995 – recebeu pouco mais de 2 milhões de turistas estrangeiros. Em 2000, recebeu cerca de 6 milhões.

"O parque hoteleiro brasileiro é composto por mais de 500 mil unidades habitacionais, distribuídas em 18.026 estabelecimentos de hospedagem. O tamanho médio dos estabelecimentos situa-se significativamente abaixo das 50 unidades habitacionais, com mais da metade do universo de propriedades tendo apenas ao redor de 30 unidades habitacionais. O investimento total do parque hoteleiro brasileiro poderia ser avaliado em R$20 bilhões. Estima-se a receita anual do setor entre R$5 e R$6 bilhões. Recolhe aos cofres públicos mais de R$0,5 bilhão, anualmente, somente de impostos diretos, fora encargos sociais, Imposto de Renda e outros tributos. O setor de hospedagem, no Brasil, emprega cerca de 290 mil trabalhadores especializados e semi-especializados, aos quais se paga salários médios entre R$350 e R$400. O total de salários pagos anualmente, excede R$1,3 bilhão, aos quais se acrescem mais de R$1 bilhão em encargos sociais e outros correlatos (convênios médicos, férias, licenças, refeições, etc.). Com um perfil claro de investimento imobilizado com renda diária/mensal e retorno em média de 7 anos ou cerca de 15% anuais, é a atividade que mais cresce no mundo e o segundo em absorção de mão-de-obra, ainda não recebeu toda a atenção que merece. Flutuações cambiais, mudanças drásticas de regras econômicas, acidentes climáticos, problemas ecológicos, gerenciamento inadequado de malhas viárias, alterações tributárias, dentre outros eventos exógenos ao negócio em si, podem afetar o comportamento operacional de um hotel."

ABRESI (1996)

Quem bem historiou o assunto foi FRANCISCO DINIZ:

> *"O turismo tem quase a idade do mundo. Quando o homem da caverna deslocou-se pela primeira vez do seu hábitat natural, por curiosidade, em busca de novos recursos de caça ou até em busca de uma nova moradia para a família, estava passando por uma experiência turística, guardadas as devidas proporções. Acabou, também, o turismo da forma que era feito na década de 50, quando o grande movimento era passar uma temporada no Guarujá com aquela velha cabine de banho. O turismo não é mais isso. O turismo de hoje é o de negócios, de eventos. Cidades – como Barcelona – aproveitaram a copa de mundo e os jogos olímpicos para revitalizar e ampliar suas instalações. Criaram uma cidade em cima d'água em uma parte do porto que estava estagnada e criaram um complexo turístico fabuloso que vive lotado – até hoje – pelos turistas e povo local. Onde existia nada foi criado alguma coisa e que deu um novo vigor àquele setor da cidade. Reformaram o aeroporto tornando-o moderníssimo, todo climatizado. Tudo que veio de recursos para estes dois eventos a cidade soube administrar exemplarmente. Outro exemplo é a feira que aconteceu na cidade de Sevilha. Foi feito um grande investimento na Ilha La Cartuca e que voltou a ficar estagnada em função da falta de destinação adequada após a feira. Dois exemplos de coisas feitas com o mesmo objetivo, só que com resultados diferentes."*

O turismo no Brasil pode repassar aos usuários serviços de primeira qualidade, dando oportunidade de os turistas sentirem-se atraídos pelas nossas belezas naturais e, ao deixarem os lugares visitados, terem a satisfação de que receberam mais que haviam imaginado. Precisam ter consciência de que tiraram o máximo de proveito das condições socioculturais da localidade e experimentaram consideráveis avanços tecnológicos ou contato com a natureza bruta. Os profissionais do turismo precisam estar muito bem-informados com relação aos dados econômicos, históricos, geográficos da sua região, pois são fatores decisivos para a satisfação dos turistas estrangeiros. Que o nosso país é belo, que o nosso povo é bonito e hospitaleiro, isto eles estão observando. Preocupam-se muito com dados do nosso Patrimônio Histórico! Portanto, estudar com afinco estes temas.

No ponto de vista de MAFFESOLI (1984):

> *"A cidade, em sua banalidade, é potencialmente rica em aventuras produzidas por suas inúmeras ruas e lugares diversos, assim como o dado social, em um aspecto mais comum, através do jogo da diferença, pode provocar situações, encontros e momentos particularmente intensos."*

A satisfação advinda de uma viagem tem com fator gerador a demanda crescente de produtos e serviços exóticos, uma demanda de atividades de lazer imaginativas e criativas. As redes e cadeias hoteleiras internacionais terão cada vez mais participação no mercado – por abordagens mercadológicas inovadoras; os sistemas computadorizados tomarão conta, cada vez mais, das atividades repetitivas administrativo-financeiras, para possibilitar ao hoteleiro se concentrar nas atividades-fim *hospedagem, alimentação, turismo*, com suas múltiplas variações. Os hotéis que não participarem de uma bandeira hoteleira internacional, estarão fora do mercado. Por outro lado, os que se afiliarem experimentarão crescentes aumentos na taxa de ocupação e na melhoria da receita média por unidade habitacional.

Nota-se, em muitas instalações turísticas, hotéis, restaurantes, companhias aéreas, aeroportos, agências de turismo, entre outras, atitudes displicentes com relação a qualidade de suas tarefas e que geram insatisfação generalizada. Quem já não sofreu com o atraso ou cancelamento de um vôo? Com a promessa de um "maître" de servir uma refeição rápida em função de um compromisso e ele se fingir de surdo e levar mais tempo que o prometido? Quem já não solicitou a um caixa de hotel para preparar rapidamente a sua conta e ele faz de conta que não ouviu e demorou – de propósito – mais que tempo normal? Quem já não solicitou um suco de laranja SEM gelo e SEM açúcar e o garçom fingiu que não era com ele? Não é nada difícil se descobrir tais falhas.

Ao conversar com alguém que tenha feito uma viagem, não há quem não reclame de erros nas reservas e registros, atrasos demoras nos atendimentos, descaso nos processos de verificação alfandegários, manuseio de bagagens de modo inadequado, danos ou extravio de bens, falta de infra-estrutura nas localidades visitadas, falta de conhecimento de geografia e história por parte dos agentes de viagens, além de estabelecimentos em desacordo com os padrões mínimos exigidos quanto a segurança e higiene.

Uma boa parcela da culpa dessas mazelas, acontece por falta de cultura e preparo dos *proprietários de hotéis* e de seus *gerentes* sem treino nas habilidades requeridas pelos hóspedes. Por existir este despreparo, inexistem perspectivas de solução para os problemas, impedindo encontrar soluções mais adequadas. Não se pode permitir a continuidade de gerenciamentos feitos por pessoas desatualizadas e pobremente sabedoras dos princípios que norteiam uma administração dinâmica, voltada para o cliente. Muitos hotéis estão fechando, por não saber vender seus produtos!

FRANCISCO DINIZ comenta que muitos clientes chegam a uma agência e dizem:

> *"Eu queria ir para Maceió. O funcionário da agência pega um pacote pronto, fecha a negociação, tudo isso por uma questão de comodismo para poder fechar rapidamente a venda e sua cota mensal, sem saber se o roteiro agradou realmente ao cliente. Um outro aspecto, pode-se contar nos dedos as agências que têm atendentes habilitados que falem outro idioma além do português; e isso se nota quando é necessário mandar um e-mail. Muitas agências têm computadores coloridos só que poucos sabem usar e estão deixando de prestar um serviço melhor e de ganhar dinheiro por falta de habilidade e conhecimento."*

Não se preparam ou contratam pessoas despreparadas para receber seus clientes. Os governantes – por outro lado – podem atuar em parceria com as entidades classistas para consolidar uma imagem atraente para o turismo. Os empresários devem priorizar, em suas empresas, produtividade, lucratividade, perenidade da empresa e a satisfação do cliente.

"As prioridades não respeitam necessariamente esta ordem. Quando questionado, o empresário dificilmente tem a compreensão total dessas mudanças. Ele entende claramente o impacto provocado em sua organização, mas não consegue dimensionar que tipos de mudanças estarão ocorrendo, em uma sociedade mergulhada em uma tecnologia extremamente sofisticada. O desemprego, que é o grande problema provocado pelo uso dessas novas tecnologias, é visto como uma ocorrência normal. Os administradores têm consciência nítida do fato, porém não se preocupam, estimando que as soluções pertencem a outras instâncias e, pelas colocações, parecem jogar o problema para os outros. Certos executivos expressam um certo fatalismo em relação ao desemprego gerado pela modernização. O desemprego tem a ver com o contexto que você vive, não é um problema isolado. A empresa tem de gerar lucros e quando isso não acontece, vai à falência. O setor de serviços irá crescer e haverá uma transferência da indústria para esse setor. A tecnologia não pode ser um desserviço ao homem, ao contrário, ela tem de ter como principal objetivo a nossa melhoria de qualidade de vida."
VIGNERON (1997)

Os grupos internacionais usam adequadamente estes instrumentos, financiam a implantação de uma administração científica e têm consciência de que – apesar de dispendiosa – são imprescindíveis para o sucesso de um empreendimento, que não pode deixar de dar certo. Neste ponto, YÁZIGI (1996) comenta que:

> *"...vários itens se repetem numa chamada ordem internacional no mundo do turismo... os chamados árbitros do gosto que, nada mais são que profissionais que prédeterminam o que é bom e o que não é... são críticos de arte, repórteres de turismo..."*

Os hóspedes estão – hoje em dia – muito atentos a qualidade dos serviços recebidos, preços, atendimento cortês; em suma, estão atrás de profissionais diferentes dos existentes e que estejam capacitados a atendê-los dentro dessa nova dinâmica de demanda voltada para a qualidade de serviços e de atendimento.

Se for feita uma análise mais profunda dos serviços hoteleiros, poder-se-á fazer uma escala de evolução desde os primórdios da civilização, em que a escravidão se constitui na primeira forma de divisão da sociedade: dominantes e dominados. Os prisioneiros de guerra poderiam ser mortos ou postos a trabalhar por seus captores segundo o antropólogo anglo-australiano GORDON CHILDE (s.d.):

> *"Os escravos eram usados como auxiliares nas tarefas de uma economia patriarcal – como entre os antigos hebreus – onde trabalhavam lado a lado com os seus senhores, ou eram propriedade do estado empregados em obras públicas de grande envergadura como no Egito e Babilônia. No Brasil, após os portugueses tentarem escravizar os índios, sem sucesso, deu origem a fuga de tribos para o interior. Em 1559, a Coroa Portuguesa autorizou a cada senhor de engenho – para suprir suas necessidades operacionais – importar 120 escravos por ano. Até a sua extinção em 1850 o tráfico forneceu mão-de-obra à economia colonial e os escravos comprados podiam ter três destinos: escravo do ganho – que prestava todo tipo de serviço; escravo do eito – para plantações ou minas; e escravo doméstico – para os serviços da casa do senhor. Mesmo antes da Abolição da escravatura, em 13 de maio de 1888, em São Paulo, os escravos já eram substituídos pelos imigrantes, o que significou para o Brasil diversificação de costumes e culturas."*

Em função da origem das atividades domésticas virem de um meio escravo, por muito tempo, as funções hoteleiras básicas ficaram relegadas a um segundo plano. Mas, com a evolução dos costumes, os empregados dos hotéis e os hóspedes estão se adaptando à nova realidade: indivíduos profissionais que servem indivíduos convidados. De um lado os hoteleiros estão tentando agradar e descobrir os desejos dos seus clientes e de outro lado os hóspedes estão avaliando os serviços e informando aos hoteleiros quando alguma coisa não está ocorrendo conforme esperado ou dando sugestões que sempre devem ser bem-vindas.

MENDONÇA (1996) tem a seguinte opinião:

> *"O desenvolvimento integrado do turismo traz vantagens para o turista. Ele poderá conviver com interesse e respeito com as pessoas do lugar, caminhar fora de circuitos turísticos, olhar com atenção para o meio circundante, aprender com isso, conhecer os costumes locais através de um contato mais pessoal, comer sua comida..."*

e ter como respaldo conforto, segurança, entretenimento, cortesia mas com a garantia da execução dos trabalhos domésticos para desfrutar, em toda sua plenitude, o lugar visitado.

Vive-se a queda das fronteiras e a miscigenação dos costumes e os profissionais do turismo têm de estar preparados para esta nova abordagem. Não há verdades absolutas. Todos os princípios estão sendo reanalisados. Verdade no passado, dúvida no presente, mudança no futuro. A criatividade leva a mudanças. O inconformismo origina constante busca de novos desafios. Nota-se com que força as causas públicas e coletivas superam um individualismo fleumático. Tem-se de ter em mente que somente com a integração social será gerado o crescimento socioeconômico no segmento turístico. Em poucas palavras, precisamos não esquecer que:

"Se o econômico é um paradigma importante no processo de mudança atual, o homem está no centro deste processo e que o paradigma essencial do desenvolvimento continua sendo o bem comum da humanidade."

VIGNERON (1997)

2. O futuro de hotéis e agências

"No mundo empresarial, vemos empresas gigantes sendo desmontadas e montadas de novo, seus principais executivos despedidos, junto com milhares de empregados."

ALVIN TOFFLER (1995)

Tenderá ao zero a burocracia atual, podendo, por exemplo: do computador do seu veículo, durante uma viagem, o viajante entrar em contato com um hotel virtual, localizando-o por meio de mapas e recebendo, no monitor de seu veículo, imagens de como é o hotel e suas dependências. Esta mídia interpessoal e nômade – na qual não entra o contato humano – fará as vezes dos serviços das agências, promotores e setores de reservas com telemarketing. A computação estará cada vez mais presente nas empresas aéreas com o GDN – "Global Distribution Network" interligado aos CRS – "Computer Reservation Services" dos hotéis.

Todos os gastos serão feitos por terminais multimídias, com possibilidades de quitação de contas via cartões de crédito ou diretamente da conta corrente, podendo o hóspede, a qualquer hora, visualizar suas despesas no *processador de imagem* – televisor para os antigos – dentro dos seus aposentos. Acesso aos elevadores por leitura da impressão digital ou da íris dos olhos, bem como para a abertura da porta da sua unidade habitacional, eliminando funções de ascensoristas, acabando com fechaduras, chaves, cartões de identificação e eliminando o ingresso de pessoas estranhas no hotel – sem os devidos registros.

Sensores por todo o hotel, acendendo e apagando luzes de ambientes e corredores por onde passa o hóspede, e da unidade habitacional, evitando gastos desnecessários de energia elétrica, redutores de consumo de energia. Todas as unidades habitacionais serão dotadas de instalações para computador, "fax-moden", "zip-drive", impressora, copiadora, "scanner", videofone com secretária eletrônica, processador de imagem com câmara para teleconferências via satélite, videocassete, "receiver", caixas de som para "home-theater", CD, DVD, vídeo-lazer, "video-game", internet, extrato de conta pela TV, poltronas computadorizadas que massageiam o corpo, fechaduras eletrônicas, cofres individuais eletrônicos e outros recursos eletrônicos.

Menu eletrônico, evitando erros em pedidos emitidos, eliminando parte dos serviços de garçom e controlando todos os gastos das cozinhas, bares e serviços de sala, forno de vapor combinado, resfriadora rápida de alimentos. Heliponto para "transfer" de hóspedes de/para aeroportos, ou edifícios que disponham de equipamento semelhante, visita a pontos turísticos e restaurantes na periferia da cidade, eliminando serviços de táxi, ônibus e locação de veículos. As novas tecnologias para a transmissão de informações via internet e mesmo a televisão poderão oferecer novos aplicativos para processamento de imagens.

A indústria hoteleira deverá desenvolver seus aspectos gerenciais, principalmente quanto à retenção de seu quadro funcional e preocupar-se com o retorno de seus hóspedes, vindos de todas as partes do mundo. Deverá promover alianças estratégicas entre parceiros comerciais, fornecedores, empregados, hóspedes, governos nas três esferas: municipal, estadual e federal e com membros das comunidades locais. Deverá desenvolver um esforço especial para atender as exigências das múltiplas culturas dos hóspedes que estarão adentrando às suas dependências. Não é nada fácil desenvolver esta atenção internacional de modo acertado, a fim de satisfazer as exigências dos mais diversos tipos étnicos dentro das novas mudanças socioeconômicas que estão ocorrendo no mundo. Deverá ser feito um esfoço sobrenatural a fim de ficar atento para os valores de cada cultura, com o intuito de interpretá-la de modo coerente. Para tanto, os objetivos socioculturais deverão ser bem-definidos e delineados para saber o que a cúpula do hotel traçou como desempenho ideal do seu quadro funcional.

Do mesmo modo, as agências – segundo FRANCISCO DINIZ:

> *"...terão de se adaptar à nova realidade do mercado. Terão de ser mais criativas, aumentar a oferta de seus serviços, melhorar significativamente a qualidade no atendimento. Apesar de os clientes brasileiros estarem habituados a gostar do contato pessoal, não esquecer de que a venda impessoal pela internet – a cada dia que passa – está tomando o espaço da agência em função da rapidez e da integração da aviação, com a hotelaria e os fornecedores de serviços turísticos. Por isso, as agências devem se preocupar em participar da internet, para que os clientes informatizados possam saber – ao acessar as "homepages" de uma agência – saber que – do outro lado – alguém vai providenciar tudo, desde passagens, reservas de hotéis, traslados, ingressos de "shows", teatro, ou seja, tranqüilizar o cliente de que está sendo atendido de modo global, rápido e barato. A agência vai disponibilizar imediatamente aquilo que o cliente necessita, caso contrário estará divulgando um serviço para um cliente seletivo e não estará dando o devido retorno. O Brasil possui cerca de 6 mil agências, só que poucas encaram a qualidade total como fator de sucesso, que envolve desde o setor de operações, até a contabilidade e gerência; vamos ainda mais além, a qualidade deve acompanhar até o "boy" que vai entregar o bilhete da passagem e o "voucher" na casa do cliente."*

A mulher de meia-idade – que por sinal nunca passa dos 25 – está chegando ao mercado com uma força muito grande. São senhoras com boa formação educacional, senhoras de executivos que já conhecem boa parte do mundo e estão familiarizadas com rituais sociais dos cerimoniais, senhoras que já criaram seus filhos e ainda se sentem com muita garra para demonstrar suas aptidões. Estas senhoras, quando colocadas a prova, em uma agência, oferecem um serviço de qualidade superior.

Uma coisa é uma mocinha simples – com boa-vontade – atender o público de uma agência, quando a sua única vivência turística foi pegar um ônibus e descer a serra em um domingo ensolarado e comer um sanduíche no McDonald's. Conhece Paris, Londres e New York apenas por filmes e fotografias.

Outra coisa é uma senhora que conhece Paris intimamente e tem condições de despertar o lúdico nos seus clientes, entusiasmando a sua platéia para uma viagem à Europa. Esta é uma realidade que se está presenciando neste início de século. A venda de uma viagem é feita em um ambiente de inspiração e sonho. Já a consumação da venda é processada pelos Amadeus, Galileus, Iris, WorldSpan nos quais as habilidades requeridas são diversas das exigidas para entusiasmar o viajante.

3. Certificados de qualidade

Dentro das ondas de choques, uma delas é a do milagre da qualidade dos japoneses após a Segunda Grande Guerra. Segundo ALBRECHET (1994):

"Os produtos japoneses tornaram-se padrões de comparação, em vez de serem considerados imitações. Esta onda de choque mudou as regras para se fazer negócios: a qualidade do produto tornou-se fundamental, a tecnologia de fabricação tinha de se aprimorar bastante para atender às estratégias agressivas de preços seguidas pelos japoneses... muitas companhias ocidentais de repente descobriram que os japoneses tinham um produto que funcionava melhor e que podiam vendê-lo a um preço menor no varejo que o custo básico de fabricação."

A maneira internacional que destaca uma empresa que fornece produtos ou serviços de qualidade é o atendimento às normas da série ISO – International Standardization Organanization com sede em Genebra, Suíça. A Certificação de Sistema de Qualidade dá-se por meio de auditoria de processo feito por uma empresa credenciada pela ABNT – Associação Brasileira de Normas Técnicas, pela edição das chamadas Normas Brasileiras NB-9000 para a qualidade adaptada à realidade brasileira.

As normas ISO estabelecem requisitos mínimos de garantia de perfeita gestão de qualidade que as empresas devem ter como compromisso com o mercado consumidor. Constitui-se, também, em um processo de melhorias operacionais dentro da própria empresa, visando atender um público internacional mais exigente. Deste modo, as normas ISO-9001, 9002 e 9003 tratam da qualidade em uso contratual disciplinando as relações entre empresas, garantindo a compra de produtos ou serviços confiáveis. As normas da série ISO-9004 são implantadas por iniciativa da própria empresa interessada em desenvolver e produzir produtos e serviços com qualidade.

Além da ISO-9002, os hotéis estão sujeitos a série ISO-9004-2 no que toca o controle dos processos, onde o hotel tem a capacidade de detectar e controlar a produção de serviços oferecidos aos hóspedes, dentro de uma matriz de requisitos mínimos. Esta matriz – por sua vez – está se tornando condição essencial para transacionar com empresas estrangeiras. É para elas uma garantia de execução de serviços com um mínimo de qualidade exigida. A ISO-9004-2 pode ser aplicada nos segmentos de hospitalidade, transporte, comunicação, saúde, manutenção, utilidades, comércio, financeiro, profissional, administração, técnico e científico. SENAC (1992).

Para obter o Certificado a empresa hoteleira deverá entrar em contato com empresas de consultoria credenciadas e especializadas no assunto. Após obter detalhes da sua organização, a empresa de consultoria enviará ao hoteleiro documentação para Auditoria Preliminar e de Manutenção. A Auditoria Preliminar abordará todos os aspectos cabíveis para o estabelecimento das Normas de Qualidade do seu empreendimento e, como resultante, será emitido um relatório direcionado para os pontos a serem melhorados ou corrigidos nos processos de trabalho. As ações corretivas deverão ser implantadas em um prazo máximo de 3 meses após a entrega da auditoria preliminar. Após avaliação dos pontos corrigidos ou implantados, o hoteleiro receberá o Certificado de Aprovação. A validade do certificado é de 3 anos, monitorado por auditorias de manutenção a cada 6 meses. Findo o prazo, será realizada Auditoria de Recertificação.

Mais exigente ainda é a série ISO-14000 que dispõe de um termo de avaliação a fim de saber se o hotel – na produção dos seus serviços – não está trazendo malefícios ao meio ambiente, comprometendo, assim a qualidade de vida. Isto significará para os hoteleiros, que os promissores hóspedes vão querer saber – de antemão – se existem condições de higiene nas copas, cozinhas, despensas, lavanderias, governança, piscinas, saunas, entre outras instalações, além de comprovar como estará sendo feita a captação e o tratamento da água do hotel, a alocação final do lixo, bem como o despejo confiável da rede de esgotos para não poluir praias, lagos e rios. O certificado ISO-14000 estará amarrado às Normas de Gestão Ambiental ditadas e acompanhadas por nutricionistas, químicos, biólogos.

A população mundial já passou dos 6 milhões e grande parte dela não tem acesso a informações de qualidade de vida, o que está contribuindo para a escassez de recursos materiais. Esta mesma população vem sofrendo agressões no meio ambiente causadas pelo mau uso dos recursos naturais, gerando desequilíbrios ambientais que envolvem desde a agressão à camada de ozônio, efeito estufa, poluição desenfreada de rios, lagos, oceanos, lençol freático, erosão e desertificação.

Com a obrigatoriedade da adoção da ISO-14000, as organizações hoteleiras e turísticas deverão estabelecer regras básicas para a implantação de um desenvolvimento sustentado, pois toda e quaisquer atividades geram impactos ambientais. Portanto, os empresários do segmento turístico devem tomar atitudes rígidas para minimizar as agressões ao meio ambiente, deixando suas instalações dentro dos limites de tolerância.

As empresas devem se enquadrar às normas para receberem o Selo Verde de Salvo Conduto Ambiental, que passará a ser exigido por hóspedes e turistas, principalmente os internacionais. Quem sair na frente só levará vantagens, pois não é mais um modismo, mas uma questão de qualidade de vida globalizada. Dentro em breve será uma abordagem corriqueira e que será exigida por consumidores com consciência ecológica sedimentada, que só passarão a usufruir dos ambientes que não tenham contaminação ou, no máximo, que estejam nos limites internacionais de tolerância.

Com estes dois instrumentos, os hóspedes brasileiros e estrangeiros terão meios de selecionar os hotéis que – além de os favorecer – favorecerá, também, o meio ambiente. As normas ISO-9000 e 14000 podem ser consideradas marcos no universo da qualidade, mas não esgotaram o assunto. Para tanto, deve haver realimentação permanente dos sistemas sempre tendo em mente a busca da excelência.

Paralelo a estes dois instrumentos, está em vigor, desde março de 1991, o Código de Defesa do Consumidor estabelecendo normas de proteção e defesa no relacionamento entre fornecedores e consumidores. De acordo com FERRAZ (1991) os direitos básicos do consumidor são: segurança contra riscos de produtos e serviços perigosos ou nocivos à saúde; informação adequada e clara sobre os produtos e serviços (quantidade, características, composição, qualidade e preço, inclusive os riscos que apresentam); proteção contra a publicidade enganosa ou abusiva; proteção contra a modificação de cláusulas contratuais que estabeleçam prestações desproporcionais; indenização por danos patrimoniais e morais; acesso à justiça e direito a uma prestação de serviços públicos eficaz.

Este trabalho não pretende entrar em detalhes de como fazer um projeto de controle de qualidade, pois existem excelentes estudos no mercado que norteiam as teorias de DEMING, ISHIKAWA, JURAN, ALBRECHT, FALCONI e CASTELLI.

Outro ponto polêmico – até o momento – é a Matriz de Classificação Hoteleira do Sistema Brasileiro de Classificação dos Meios de Hospedagem de Turismo (SBC-MH), da Deliberação Normativa NR. 367 de 26 de novembro de 1996. Por esta deliberação, a EMBRATUR firma convênio com o INMETRO – Instituto Nacional de Metrologia e Qualidade Industrial, para credenciar institutos e entidades classificadoras (IEC), a fim de avaliar e classificar os Meios de Hospedagem existentes de acordo com o Regulamento e Matriz de Classificação Hoteleiras aprovados. Explicita, ainda, que a partir de 28 de fevereiro de 1997, o uso de símbolos de classificação e sua menção, em qualquer meio de promoção e divulgação, seria caracterizado como propaganda enganosa, sujeita a penalidades.

Esta nova classificação não foi aceita pelos hoteleiros por conter pontos que geraram divergências e está dividindo opiniões. A ABIH – Associação Brasileira da Indústria de Hotéis, estipulou uma outra matriz de autoqualificação, subdividindo os meios de hospedagem em 6 categorias: Super Luxo – *****S, Luxo – *****, Superior – ****, Turístico – ***, Econômico – ** e Simples – *.

Esta atitude polêmica está gerando tumulto no mercado turístico, pois os usuários estão sem saber em que classificação se basear. A EMBRATUR alega que a classificação da ABIH não é técnica e não reconhece seus métodos classificatórios. A ABIH alega que a classificação de EMBRATUR é inadequada. O ideal seria uma negociação EMBRATUR e ABIH, para que juntas definissem uma matriz única, a fim de que os institutos avaliadores de qualidade pudessem fazer suas avaliações dentro de um mesmo critério, de comum acordo com as duas entidades.

O consumidor final, no momento está confuso: Estrelas ou Asteriscos?

Assiste-se, nos dias atuais, uma mudança paradigmática quanto a implantação e operação de hotéis. A hotelaria internacional, que sempre primou pela manutenção dos seus padrões – ponto alto das suas bandeiras –, experimenta mudanças no vetor qualidade, na qual a antiga *previsibilidade* está sendo trocada pela *competitividade*, obrigando os executivos dos grupos hoteleiros a rever seus prognósticos para atingir a excelência de modo mais revolucionário.

Quando um produto, serviço ou talento segue princípios básicos de produção, poderá ter como conseqüência um aumento no volume de vendas, que conduzirá a uma baixa no custo de produção e que significará um incremento nos lucros. As normas internacionais existem para tranqüilizar os consumidores de todo o mundo, analisando, de certa forma, a idoneidade de quem produz o bem ou serviço, constituindo-se – assim – num excelente argumento de venda quando forem comparados com os serviços e produtos de outros concorrentes.

Os benefícios da normalização são percebidos – de modo geral – na correta utilização de recursos humanos, materiais e de equipamentos. Ocorre, também uma sensível melhora no nível técnico da mão-de-obra envolvida nas atividades, disciplinado a produção de bens e serviços. Como conseqüência, documenta-se pormenorizadamente o conhecimento tecnológico e mantém-se o padrão com um treinamento de pessoal bem-direcionado. Com a adoção destas práticas, evita-se o desperdício de materiais, equipamentos e de tempo, que, por conseqüência, significará menor desembolso para a operação do empreendimento hoteleiro.

Quem sairá ganhando com essa mudança de paradígma será o hóspede, que – cada vez mais – estará sendo tratado com cuidados e requintes excepcionais, tornando-se mais exigente e conhecedor dos seus direitos.

4. Educação e treinamento em qualidade

Treinamento em qualidade, começa pela educação e esse é um dos pontos mais relevantes deste estudo. Foi visto, anteriormente, que o treinamento começa com o nascimento. Mas, um pouco antes – durante a gestação – a mãe já conversa e instrui o filho na barriga, acariciando-o e passando estímulos. Ao nascer, a criança começa a inteirar-se com o mundo que cerca e interage com ele.

Começa, então, o aprendizado. Aprende a reconhecer pessoas, objetos, sons, imagens, paladares, noções de desconforto e o seu modo de se comunicar com o mundo é uma dicotomia: tudo bem? sorri e dorme; alguma coisa vai mal? chora e esbraveja até que o socorram. Primeiros passos cambaleantes, escorregões, galos na testa e logo estará andando. Balbucia palavras incompreensíveis, imita sons que houve, fala *elado*, em vez de errado, quando menos se espera, está tagarelando, até o fim da vida.

O tempo passa e os pais não têm tempo ou condições de educar os filhos: repassam essa atividade para as escolas. Alfabetiza-se, ensina-se o que é essencial para sobreviver, até que chega o instante de escolher uma profissão.

"Quais são as minhas aptidões? Com que eu vibro? O que é que me dá prazer?", pensam os jovens.

Alguns, desde cedo, conseguem se interessar por algum assunto que os faça vibrar e varam noites lendo e pesquisando. Outros, não nasceram para contemplar os estudos como uma coisa idealista, fazem o mínimo, o indispensável, se arrastam como cobras pelos anos de formação básica e, mesmo assim, se forem insistentemente cobrados pelos pais.

Para eles, o estudo não é um meio de adquirir conhecimento e evoluir intelectualmente, é um enfado, uma tortura e não um ideal de vida. Têm alergia educacional! Ficam mais baratinados, ainda, quando têm de escolher uma profissão dos 14 anos, sem nenhuma informação sobre as suas aptidões e habilidades mais características.

> *"Sendo o conhecimento uma mercadoria valiosa, ela deixou de ser propriedade exclusiva das universidades. Quem detém a informação detém o poder. Segundo Alvin Toffler, as maneiras de se deter o poder são: pela influência econômica ou pelo conhecimento. No setor de prestação de serviços, especialmente no turismo, a posse de informações se revela uma capacidade estratégica inigualável."*
> TRIGO (1996).

Os jovens que se interessam pelo segmento turístico devem estar cientes das exigências do mercado internacional com relação ao conhecimento e ao desempenho de suas funções.

Os Gerentes de Treinamento – na constante busca de melhorar os trabalhos de suas equipes – convivem com diversos tipos de indivíduos que foram educados nas escolas, mas com históricos de educação familiar do tipo:

1. Indivíduos que, desde a primeira infância, foram podados em suas atitudes por familiares e colegas de turma, desencorajados pelos pais e professores a questionar sobre os mais diversos assuntos, foram ensinados a obedecer sem reclamar; quando entram no mercado de trabalho, temem por tomar decisões, pois sempre foram doutrinados a cumprir ordens ditadas pelos outros; ficam indecisos, fogem de quaisquer comprometimentos, não têm ascensão na empresa, tornam-se profissionais medíocres e alijados nos processos promocionais;
2. Indivíduos que, desde pequenos, foram cercados de cuidados pelos pais e familiares, que os criaram sem dizer NÃO. Quando chegam às empresas e recebem um NÃO das chefias ou dos colegas de trabalho, ficam logo emburrados, cruzam os braços, calam-se com enorme beiço ou brigam de modo ferrenho para impor suas vontades, pois nunca ninguém ousou dizer-lhes NÃO;
3. Indivíduos que se encontram engajados no mercado de trabalho, por serem pessoas que conseguiram as coisas na vida com muita luta e sacrifício pessoal. Ao se verem ameaçados por colegas ou superiores, tornam-se agressivos a fim de não perder o espaço conquistado. Doa a quem doer!

Cada empregado quer levar a organização hoteleira para um lado, a fim de consumar seus objetivos pessoais. Querem crescer na escala hierárquica em velocidade, muitas vezes, incompatível com os planos de carreira dos hotéis. Outros trazem frustações de empregos anteriores mal-resolvidos ou com problemas familiares que podem interferir em suas atitudes e tomadas de decisão. Treinar toda essa massa humana é um teste ao desenvolvimento do pensamento crítico. É uma tarefa árdua mas, deveras gratificante!

Tudo que foi comentado neste item, está acontecendo do lado de dentro do balcão do hotel. Só que, do lado de fora do balcão, encontraremos clientes com os mesmos problemas e anseios e com um agravante: eles são chamados de *clientes* e como se diz: *"o cliente sempre tem razão"*.

Gerir toda essa situação é – antes de tudo – um desafio que exige do dirigente um senso crítico muito aguçado, cujos critérios de avaliação estarão permanentemente checados, questionados e julgados. Não basta ter hotéis bonitos, deverá existir, também, qualidade em seus serviço

5. A nova divisão do planeta Terra

Século XXI. Quantas mudanças e transformações neste início de século e milênio? Mudanças que deixarão o mundo com feições bem diferentes. Não é apenas a tecnologia que está mudando, está mudando o relacionamento entre as nações. Nas últimas décadas notamos uma mudança da antiga divisão do mundo feita em dois grandes blocos: de um lado os EUA e do outro a antiga URSS.

Os movimentos de integração entre países atingem a Europa como a *União Européia*, o *Nafta,* que reúne EUA, Canadá e México, os denominados *tigres asiáticos* composto pela Coréia do Sul, Taiwan, Cingapura e Hong-Kong, Malásia, Tailândia e Indonésia e o *Mercosul* composto pelo Brasil, Argentina, Bolívia, Chile, Paraguai e Uruguai.

LAGE & MILONE (1996) comentam que:

"Os países-membro deverão ser capazes de oferecer condições de conforto e segurança interna, aos turistas estrangeiros que certamente são determinadas pelas condições internas de sociedades equilibradas do ponto de vista político, econômico e social."

Dentro deste novo contexto, estão sendo implantadas condições mínimas para o incremento sincronizado da Hotelaria e do Turismo nesses blocos econômicos. Existem incentivos para redução de tarifas aéreas e de redução de diárias de hotéis, sem contar com todo um aparato para atrair os turistas para os pontos turísticos. Está existindo a consciência de que há uma necessidade de caminhar juntos, a fim de alcançar um certo objetivo. Os países componentes destes acordos estão cientes das vantagens dessas integrações setoriais.

O Brasil mais recentemente, em função da liberação tarifária, está tendo a oportunidade de ser mais agressivo, podendo oferecer para alguns vôos noturnos – tarifas que competem com o ônibus-leito – com redução dos serviços de bordo, mas com uma redução significativa no tempo da viagem. Os vôos "charters" não são mais obrigados a incluir pacotes turísticos e outras facilidades para otimizar o setor.

Quem, mais uma vez, ganha com todas estas mudanças é o turista que a cada dia que passa encontra no parque hoteleiro um enfoque maior de conforto, segurança e lazer. Os Hoteleiros se agitam no sentido de obter menores custos e investimentos mais direcionados. A perfeita abertura de mercados constitui-se em estímulo a uma competitividade saudável entre as economias de cada bloco econômico. Com o crescimento do turismo de lazer e de negócios, o ramo hoteleiro tende a crescer simultaneamente, com a construção de novos hotéis, gerando empregos em diversos segmentos econômicos.

A preocupação é uma só: *mão-de-obra qualificada.* O aperfeiçoamento do quadro funcional é a chave para que os países receptores de turistas abram suas portas para turistas do mundo inteiro com oferta de serviços de boa qualidade.

6. Globalização

A Hotelaria e o Turismo estão participando, cada vez mais, dessa nova forma de encarar o mercado devido às novas tecnologias disponíveis, das facilidades de comunicação e dos novos valores impostos pelos consumidores finais. Os novos padrões – gerados pela nova geração de viajantes – estão contribuindo para a fixação de novos paradígmas. O que é válido hoje, amanhã é obsoleto e não atende mais às expectativas dos hóspedes.

"Se a Revolução Industrial do século XIX deixou claro que sem riqueza não se desenvolvem ciência e tecnologia, a condição pós-moderna vem demonstrando o contrário, isto é, que sem ciência e tecnologia não se produz riqueza. A mercadoria mais valiosa passou a ser a informação."
TRIGO (1996)

A comunicação, quer seja informal, formal ou virtual, estará cada vez mais presente na vida da humanidade, despertando desejos e criando serviços turísticos para serem consumidos por todo o planeta Terra, não respeitando fronteiras. As formas de gestão empresarial tradicionais, encontram-se afetadas pelo processo de globalização. GEORGE SOROS (1997) alerta que:

"O objetivo dos competidores é ganhar e não preservar a competição no mercado.[...] O sistema capitalista está se expandindo vigorosamente, em extensão e intensidade. Ele exerce uma tremenda atração pelos benefícios que oferece e, ao mesmo tempo, impõe tremendas penalidades sobre os países que se retiram dele.[...] Para o sistema capitalista global sobreviver, precisa de uma sociedade que lute constantemente para corrigir suas deficiências: uma sociedade global aberta."

Os hotéis deverão desenvolver estratégias distintas para obter vantagens competitivas em relação à concorrência internacional. O processo de globalização implica em mudar o quadro de mão-de-obra, tanto em termos qualitativos, quanto quantitativos. Que modalidades de relação entre o lazer e o turismo poder-se-á esperar no futuro? Como adaptar-se a esta mudanças?

A globalização estimula o turismo internacional, significando maior interação entre as nações em nível sócio-econômico-cultural. Na corrida internacional da globalização turística, o Brasil está concorrendo com algumas desvantagem em relação aos concorrentes mais fortes, em função do descaso de algumas regiões com relação ao meio ambiente e à violência urbana em muitas cidades consideradas pólos turísticos. Alimentação e hospedagem caras, nem sempre compatíveis com instalações semelhantes no exterior, também contribuem para desgostar os turistas internacionais. Quem investe no segmento hoteleiro quer lucros e rentabilidade e, agregando-se a bandeiras internacionais, poderá aumentar significativamente o faturamento pela oferta de serviços de padrão internacional e a participação em sistema global de reservas.

Pode-se concluir, contudo, que a globalização está fomentando uma reestruturação geral do *Trade Turístico*. Para se adaptar a essa nova realidade, os hoteleiros precisam oferecer um serviço de melhor qualidade e mais barato que os concorrentes internacionais. Explorar a mão-de-obra, não significa pagar salários baixos, e sim admitir pessoas com potencial de crescimento na estrutura organizacional, treiná-las de modo adequado para que dêem maior rendimento operacional e remunerá-las de modo competitivo.

Reduzir custos de materiais não significa comprar produtos de qualidade inferior, mas comprar produtos de primeira linha pelo preço mais baixo do mercado e que tenham bom rendimento operacional, evitando desperdícios e erros de armazenamento. Portanto, o processo de globalização passa pela prática de negociação com parceiros comerciais, fornecedores e quadro funcional.

Quem elucida tal ponto, com muita propriedade é MELCHIORETTO, J.V. TAVARES – Diretor da Tropical Hotels Brasil, no artigo: *Custos: o corte de um velho conceito,* publicado na revista ELOS de abril de 2001 – editado pela Fundação Ruben Berta:

Os custos servem como termômetro e indicam se a Empresa está no caminho certo para atingir os lucros desejados. Por isso, é fundamental controlá-los. O controle permitirá maior flexibilidade na formação dos preços de vendas. Como todos sabemos, o preço final de um produto ou serviço é que faz a diferença diante da concorrência. Na prática, acompanhar e controlar custos são tarefas cuja complexidade aumenta ou diminui de acordo com a segmentação das áreas operacionais e comerciais de uma Empresa. Cada setor da linha de frente argumenta e defende a todo instante sua quota maior de gastos para conseguir maior eficiência nas vendas. O que não deixa de ser saudável. Mas só quem lida diretamente com os custos é que faz a leitura constante e completa do termômetro. Quando todos os argumentos são fortes, a saída é priorizar. Todos os funcionários e setores precisam estar conscientizados para as prioridades dos gastos. O que importa é o resultado do conjunto e não de grupos ou setores.[...] Na minha opinião, a globalização da economia trouxe oportunidades singulares para que as Empresas possam ampliar suas áreas de atuação. Aumentaram as chances de progresso, de crescimento.

Em resumo, globalização é um processo de desenvolvimento capitalista, na qual o empresário compra produtos, serviços e talentos onde existir melhor qualidade e menor preço, produz onde a mão-de-obra for mais barata e comercializa seu produto, serviço ou talento no mundo inteiro. Como conseqüência desta mudança conjuntural, o mercado turístico ficará cada vez mais ideológico e crítico. Os empresários deste segmento devem ficar atentos para os perigos de má adaptação, que o ingresso de novos perfis de consumidores poderá ocasionar aos seus empreendimentos. Os fluxos operacionais devem ser reestruturados, em função de uma adequação precisa dos usos e costumes locais em associação com as aspirações do novo segmento de hóspedes. Poderão ocorrer, nesta "interface", contradições operacionais, em função dos reflexos da convivência com novas culturas dentro de um mesmo ambiente turístico já consolidado.

7. Terceirização & Parceirização

O processo de terceirização teve início na década de 1950 em função da escassez de mão-de-obra no pós-guerra. Foi usado inicialmente pelos americanos e seguidos pelos japoneses e europeus. No Brasil – nas capitais e cidades mais desenvolvidas economicamente – a terceirização e a parceirização estão presentes sub-contratando atividades não essenciais. Com tal instrumento, os hotéis, agências, operadores e transportadores concentram seus objetivos nas atividades-fim.

Este é um modo de o empresário concentrar esforços nas oportunidades de mercado, colocando-se com qualidade competitiva. O advento deste instrumento pelos empresários do "trade turístico" faz sentido nos dias de hoje, em que é necessário estar aberto para mudanças com muita flexibilidade, a fim de explorar novas oportunidades de negócios, descobrir novos nichos de mercado e concentrar-se – principalmente – em produtividade e lucratividade.

Por estar na moda, não se vai começar a terceirizar tudo. Os hotéis adeptos deste sistema de trabalho pensam em concentrar esforços nas atividades-fim e repassar para empresas especializadas as atividades-meio. Os serviços mais comuns de terceirização são: administração do estacionamento, segurança, paisagismo, audiovisuais para congressos, lavanderia – inclusive com aluguel de enxoval –, geladeira das unidade habitacionais, bar, restaurante e a própria administração no caso dos "flats". A vantagem da implantação do sistema é que se trabalha com pessoal especializado nos segmentos terceirizados. A desvantagem é o baixo nível de comprometimento, além de o quadro dos empregados não ser estável, pois terceiriza-se funções e não pessoas. Em alguns hotéis não deu certo. Comprometeu a qualidade desejada por não ser a mão-de-obra adequadamente treinada para prestar serviços no mesmo padrão da rede hoteleira, principalmente fora dos grandes centros urbanos. Faz-se necessária uma avaliação criteriosa e um treinamento de integração para incutir o perfil de serviços que os hóspedes de sua rede hoteleira estão acostumados a receber.

Nos empreendimentos hoteleiros, é comum a parceria de algumas fases do projeto. O arquiteto responsável poderá destinar áreas específicas para arquitetos especializados, por exemplo, dimensionar centros de convenção, bares e restaurantes, áreas de lazer, marinas, etc.

8. Navegação marítima e fluvial

Dentro do "trade" turístico o segmento de cruzeiros está em ascensão em todo o mundo, onde os passageiros não o encaram como um simples meio de locomoção e sim, um excelente meio de lazer alternativo. A aviação acabou tirando os passageiros dos navios nos trajetos de longa distância. FRANCISCO DINIZ comenta que:

"Existem poucas linhas regulares, mas o maioria dos navios trabalha dentro de um esquema de navegação de cruzeiros, um navio que vai andar aonde o sol está. Quando o verão é no hemisfério norte a frota desloca-se por lá. Quando o verão é no hemisfério sul, muitos desse navios vêm para a América Latina, vão para a África, Ásia, Oceano Índico. Algumas empresas preferem roteiros para o Alasca, Mar do Norte que apesar de serem regiões frias, têm público cativo. As empresas de navegação estão se readaptando a novas realidades. Aquela época do glamour dos grandes transatlânticos – Ille de France, Queen Elizabeth – não acabou. O Queen Elizabeth realiza poucas viagens entre a Inglaterra e New York e faz grandes cruzeiros pelo mundo – inclusive um cruzeiro de

volta ao mundo, que começa em New York, desce até a América Latina, vai até o Extremo Oriente, Sul da Índia, África. A viagem completa leva 90 dias. Poucos se aventuram a fazer a viagem completa, mas são negociados segmentos – por exemplo – da África do Sul para o Brasil, do Brasil para os EUA e assim por diante."

Dentro da nova abordagem mercadológica, participar de um cruzeiro não constitui-se privilégio para poucas pessoas. Segundo projeções da OMT – Organização Mundial de Turismo, no ano 2000, cerca de 19 milhões de turistas participaram de cruzeiros marítimos. A navegação atrai cerca de 6 milhões de passageiros/ano, movimenta um montante de 12 bilhões de dólares e está crescendo num ritmo de 8% ao ano. O navio não passa de uma cidade, um hotel flutuante, com todas as mordomias, com uma vantagem: os empregados não chegam atrasados devido ao *trânsito congestionado.* O quadro de pessoal de um navio é um dos mais difíceis de ser montado, pois o contratado deverá embarcar e seguir mares a fora, devendo ter, além de todos os atributos solicitados pela hotelaria tradicional, o domínio de, no mínimo, 3 idiomas para assumir os cargos mais simples. Em contrapartida, conseguirá salários, gratificações e comissões que jamais sonharia ganhar em terra firme.

Os navios mudaram muito em relação ao que eram no passado, são verdadeiros hotéis, clubes, "shoppings" com "boutiques" vendendo a preços de "freeshop" – respeitando os limites de valores permitidos pela Receita Federal – teatros, lojas e cassinos flutuantes. Alguns dispõem até de campo de golfe. Sem contar com os serviços básicos de hotelaria – governança, lavanderia, cofre para guarda de valores, salões de beleza, massagem, sauna e os serviços de conforto como telefone, consultas médicas, medicamentos. Navegar é uma das mais excêntricas fantasias humanas!

As atividades de bordo fazem o passageiro distrair-se enquanto viaja. Fazem parte da programação matinal sessões de ginástica e aeróbica, "cooper", jogos nas piscinas, campeonatos de xadrez, buraco, etc., bem como recreação infantil, para manter as crianças o tempo todo ocupadas. Ao entardecer, acontece o aperitivo musical. Mas, é a noite que pessoal de bordo é requisitado ao extremo, não que de dia seja fácil, mas à noite acontecem os "shows" internacionais, programação variada em salões com música dançante, sessões de cinema e o cassino funcionado a todo vapor.

Diferente da aviação que, no máximo, oferece um aperitivo, um jantar e um desjejum. A navegação marítima normalmente oferece 6 intervalos para refeições: o café-da-manhã, um pequeno lanche à beira da piscina, almoço, chá das 5 horas, jantar e a ceia à meia-noite.

9. Transporte ferroviário

As ferrovias têm como desvantagem a limitação imposta pelos acidentes geográficos – rios, encostas íngremes, vales profundos – que podem ser vencidos pelos recursos técnicos – pontes, cremalheiras, funiculares, túneis. No transporte pesado é incontestável à superioridade do transporte ferroviário. No que toca o transporte de passageiros, sofre concorrência dos transportes aéreos e rodoviário. A maior malha ferroviária voltada para passageiros e concomitante para o turismo, encontra-se na Europa, cobrindo-a por completo. No Brasil, por enquanto, não podemos citar nada com destaque. Os serviços hoteleiros disponíveis são os básicos de hospedagem e alimentação.

"A importância do transporte ferroviário para um país com dimensões continentais como o Brasil é um fato inquestionável, porém, o uso deste meio de transporte hoje é impraticável. Sua infra-estrutura está sucateada em quase a sua totalidade, tornando os benefícios de segurança e economia inviáveis pela sua ineficiência.[...] Países como Espanha, Suécia, Suíça, França e Itália estão investindo bilhões na modernização de seus veículos e malha ferroviária."
ABRESI (1996)

10. Transporte aéreo

O avião vem se constituindo no grande responsável pelo incremento e barateamento das viagens. A tendência atual não é aumentar a velocidade, e sim a capacidade de carga e de passageiros. Outras mudanças têm sido introduzidas em função do progresso tecnológico alcançado nos últimos anos no campo das telecomunicações e segurança dos vôos pelos sistemas de radares aperfeiçoados. Os aviões de última geração transportarão cerca de 800 passageiros. E com esta nova dinâmica muitos problemas em terra terão de ser solucionados. Terão de ser revistos todos os circuitos de traslados aos aeroportos, para não ocorrer demoras e atrasos nos deslocamentos pelas cidades, despacho de bagagem – imigração e alfândega – processo do "check-in" e "check-out" nos aeroportos e no caso dos hotéis processarem "check-in" e "check-out" mais rápidos. As mudanças organizacionais terão de ser profundas para atender aos hóspedes de modo adequado, para não entrar todo o sistema em colapso.

Se analisarmos, agora, um avião de passageiros com 800 poltronas para um país como a China é pequeno, teremos, ainda, lista de espera, pois a população chinesa é de 1.3 bilhão de habitantes, sendo 200 milhões de chineses com nível universitário.

No caso do Brasil, em dezembro de 1997, o DAC – Departamento de Aviação Civil autorizou as empresas a dar descontos de até 65% nas passagens domésticas. Antes, os descontos não passavam de 50%. Estuda-se – ainda – os vôos "charter" – aviões fretados que têm custo menor em função de serviços de bordo básico e por levantarem vôo praticamente lotados. Estuda-se – também – a não obrigatoriedade para o passageiro embarcado de adquirir um pacote turístico. FRANCISCO DINIZ comentou que:

> *"Com todas essas mudanças, o preço das passagens aéreas caiu de modo significativo: uma viagem à Europa, que anos atrás não se fazia por menos de US$3.000, hoje, pode ser adquirida por cerca de US$1.000 e a tendência é baratear cada vez mais."*

A aviação também dispõe de um serviço hoteleiro dos mais sofisticados e compacto em função das escalas e da rigidez dos horários nos quais a qualidade de atendimento do pessoal de bordo é colocada à prova a todo instante. Não se pode esquecer do pessoal de terra – balcão do aeroporto e movimentação de bagagem – como responsável por um parcela dos serviços de maior relevância e que são avaliados na qualidade dos serviços prestados a todo instante pelos usuários dos serviços no tocante a cortesia, amabilidade e destreza. Está acontecendo grande movimentação no mercado de aviação comercial com relação à implantação de sistemas de grandes alianças entre as companhias aéreas, por estarem se estruturando para trabalhar em blocos. FERNANDO PINTO em 1997, comentou que:

"O acirramento da concorrência internacional reduzirá o preço das passagens aéreas e o lucro das transportadoras."

Nesta época, nem se imaginava que Constantino Júnior surgiria com a GOL – Transportes Aéreos com revolucionárias filosofias operacionais e comerciais. A aviação é dotada de programas de Qualidade Total bem-estruturados. O da VARIG revolucionou os padrões de serviços, colocando a Empresa entre as melhores em qualidade no mundo da aviação. A TAM também está dotada de sistema de Qualidade que a diferencia das demais e que tinha como ponto alto de divulgação o Comandante Rolim Amaro, infelizmente, no dia 8 de julho de 2001, deixou uma grande saudade. Morreu no ar, pilotando, seu principal objeto de vida! Quem voasse cedo, poderia encontrá-lo, recebendo os "tickets" de embarque dos passageiros nas portas dos aviões – com o famoso tapete vermelho estendido – desejando boa-viagem de um modo acaipirado. Queria ver e ser visto pelos passageiros. Criou o programa de controle de qualidade *Fale com o Presidente*. Comparecia com regularidade aos balcões da TAM nos aeroportos e circulava pelos corredores dos aviões cumprimentando os passageiros, pois dizia que: *era muito importante, que ele olhasse no fundo dos olhos dos passageiros.* Com toda sua dedicação e dinamismo, deixou uma frase para os momentos de dificuldade: *É muito mais fácil empurrar do que puxar a carroça!*

11. Treinamento para o turismo de deficientes

De um momento para o outro o seu empreendimento turístico poderá estar convivendo com deficientes físicos, jovens com toda a garra e disposição e turistas da terceira idade. E você está preparado para conviver com estes consumidores especiais? Sua organização está preparada para conviver de uma hora para outra com hóspedes que possam se acidentar durante a estada em seu hotel? E pais normais que se hospedam com filhos problemáticos, você está apto a lhes dar um respaldo eficiente? E se o seu hotel está localizado em regiões de romarias, como Lourdes, Fátima, Aparecida do Norte, Juazeiro, etc., como dar atenção especial aos romeiros que possuem limitações físicas e mentais?

Dentro das mudanças de perfil de consumidores finais do turismo, encontramos, a cada dia que passa, a necessidade de maior integração das pessoas deficientes nos equipamentos turísticos, com privilégios que vão desde rampas de acessos a hotéis, restaurantes, barcos, aviões. Os países que encaram o turismo como fonte de divisas e riquezas, dispõem de instalações sanitárias com todo o conforto em locais públicos, quartos especiais com corrimãos para ajudar o deficiente a se deslocar da cadeira de rodas para a cama, para o vaso sanitário e chuveiro. Sistema de telefonia viva-voz, controles remotos para praticamente todos os aparelhos de conforto, como: ar-condicionado, televisão, som ambiente, controle de luzes, cortinas e "black-out" elétricos.

Os parques temáticos estão adaptando suas instalações para permitir que os deficientes possam usufruir ao máximo as atrações apresentadas. Reservam locais específicos para deficientes e seus acompanhantes, sem falar na prioridade que dão de entrada e saída nos equipamentos de lazer. Tudo feito para amenizar o sofrimento dos deficientes que se vêem privados – durante a maior parte do ano – dos equipamentos de entretenimento e para que sintam – nas horas de lazer – um pouco mais de liberdade. De nada adiantará mudar os equipamentos turísticos, se, simultaneamente, não forem conscientizadas as pessoas que irão operá-los, para que, também, aprimorem seu estilo de relacionamento, a fim de prestar aos deficientes um atendimento cortês, amável, buscando entender o estado de espírito em que eles se encontram. Devem ser deixados bem à vontade para curtir profundamente os tão sonhados momentos, dar-lhes segurança de que estarão sobre a orientação e responsabilidade de profissionais competentes.

Quando se fala em deficiente, tem-se logo como referência apenas os que têm histórico clínico mental. Deve-se incluir, também, os deficientes auditivos, visuais, com distúrbio de linguagem – em que se pode enquadrar os portadores de retardo mental, distúrbios leves de voz e dicção – distúrbios neurológicos e portadores de problemas emocionais. Os profissionais do turismo devem estar preparados psicológica, sociológica e fisicamente para atender, com todo o carinho, a todo e quaisquer deficientes, sem distinções de classes sociais, raça, cor, crença religiosa ou nível.

Muitos deficientes são de famílias abastadas e encontram maiores facilidades para consolidar um longo tratamento e, com isso, minimizam sua deficiência congênita ou adquirida; têm a integração social facilitada em função de sua deficiência ter sido diagnosticada precocemente, que, por sua vez, gerou um tratamento clínico-fisioterápico, curando ou minimizando sua deficiência.

Uma criança que nasce surda em uma família sem recursos ou sem a devida atenção nos cuidados de saúde, poderá se tornar um adulto surdo-mudo, ao passo que o que teve um diagnóstico precoce poderá ser curado ou ter seu índice auditivo apenas prejudicado. Deduz-se, então, que, quando se recepciona um deficiente, que não teve tratamento adequado, as dificuldades para os operadores turísticos se multiplicam, exigindo uma carga maior de afeto e uma dose de compreensão mais acirrada para entender a seus desejos e necessidades.

Portanto, os empresários de Hotelaria & Turismo, terão serias dificuldades para preparar um quadro de mão-de-obra com disposição, aptidão e traquejo, para atender um público com diferenças lingüísticas, carências culturais e desajustados emocionais com conduta social prejudicada. Este ponto tem se constituído em um grande desafio mercadológico, pois, cada vez mais, os deficientes, que antigamente ficavam confinados a um roteiro "light" padrão, residência, escola especial e clínica, estão aumentando seus limites. Antigamente, tinham um convívio social limitado resumido à escola, hoje, se aventuram a fazer viagens ou a ter atividades culturais, esportivas e de recreação que lhes dêm prazer fora de suas residências.

O que é que os pais não fazem por um filho deficiente? Muitos já possuem veículos projetados especialmente, deslocam-se com facilidade pelas cidades organizadas, pois possuem vagas demarcadas em estacionamentos, o que lhes permite até atividade socioeconômica autônoma.

Temos de entender que as lesões orgânicas não devem impedir a interação social dos seus portadores, porque divergem da média de saúde da população. O foco deste ramo da Hotelaria e do Turismo é tornar o sujeito capaz de conviver socialmente com a sua anormalidade, integrando-o com outros indivíduos que possuam características iguais às suas ou não. Pode-se ter inteligência normal e apenas dificuldades motoras, não constituindo, assim, motivo para deixar de se enturmar com os demais colegas.

Os esforços têm sido feitos dos dois lados: os que têm dificuldades de linguagem, aprendem a linguagem dos gestos, da leitura labial e com isso se reintegram e se readaptam socialmente e mantêm contato com o mundo externo de modo menos degradante; os museus de artes estão fazendo exposições para deficientes visuais, com manual em braile e com um desenho das esculturas ou obras de arte para ser tocada e explorada a sua forma taticamente. Muito tem sido feito para atenuar o impacto do termo *excepcional*, mudando-o para *deficiente ou pessoas com limitações relativas*; não se altera a conceituação do problema, muda-se apenas a expressão verbal para um vocábulo menos traumatizante.

O segmento turístico deve levar em conta que os deficientes – por terem limitações físicas ou mentais – naturalmente se destacam da massa populacional. Geralmente têm progresso escolar e profissional limitado aos parâmetros da sua anormalidade e cabe ao hoteleiro atenuar os pontos negativos, preparando seus funcionários para conviver com as deficiências desses clientes especiais. Como contribuir? Criando roteiros de *lazer passivo* ou de observação com relativa empolgação, e até mesmo roteiros de *lazer ativo* – com a devida segurança – mas sem tirar a emoção das atividades esportivas ou de recreação.

Os parques temáticos, atendendo a esta nova demanda, já estão implantando – por força de lei ou interesse econômico – cadeiras de rodas motorizadas, que dão autonomia aos deficientes. Este recurso está sendo usado, também, pela população mais idosa, crianças pequenas que não conseguem andar um dia inteiro em um parque temático, ou por pessoas normais que estão impossibilitadas à locomoção autônoma, por terem fraturado um perna ou outro membro do corpo.

Os Guias de Turismo devem conceder atenção especial para crianças com diferenças físicas marcantes, recompensando-as com uma atenção discreta para ter um bom clima social, evitando que sejam motivo de zombaria ou tratadas com desdém. Se assim agirem, todo o grupo girará em torno de uma criança que não teve culpa nenhuma de ter nascido diferente. Ninguém quis nascer deficiente e, também, ninguém está livre de um dia para o outro vir a ser uma pessoa desajustada ou limitada. Todas as pessoas nascem iguais, foram criadas por Deus diferentes, mas com direitos iguais, direito de receber aquilo que precisa para se sentir bem. Quer ter um susto positivo? Dê emprego para um deficiente. Você terá um parceiro dedicado e prestativo. O deficiente irá se motivar: "Você confia em mim? Que bom!"

12. Treinamento para o turismo de jovens

Os profissionais de Hotelaria & Turismo, ao analisarem o trabalho com grupos de jovens devem pensar numa outra série de valores. Primeiramente, o distanciamento da família, por um tempo, é muito saudável e constitui-se numa vivência incrível de formação, que fará muito bem para seu amadurecimento social. Este afastamento – por ocasião de uma viagem – para alguns perfis de famílias é – geralmente – previsível, quase sempre negativa, estática, cansativa, desencantada.

Já a experiência para um jovem é arrojada, positivista, extravagante, diferente do lugar comum, além de se constituir numa constante busca de coisas novas. Essa forma de encarar a vida de modo arrojado, muitas vezes, desestabiliza a experiência dos adultos despreparados, e acaba em conflito contra o ímpeto da experiência dos mais jovens. Pela própria garra da juventude, muitas vezes, a experiência pode ser dolorosa, irreversível e traumatizante. Mas, a vida é assim mesmo. Aprende-se, muitas vezes, quebrando a cara!

Quem age do modo adulto sarcástico, está sempre esperando um fracasso do jovem para se apoiar e dizer: *"Eu não disse que ia acontecer! Eu sabia, tinha certeza! Eu tinha razão! Eu te avisei! Você não quis fazer do meu jeito, então senta e chora!"*. Fica sempre esperando que alguma coisa dê errado para cair em cima e valorizar o seu ego: *"Quando você ia com a vara, eu já vinha com o peixe!"* Como conciliar as experiências vividas, imediatistas, prazeirosas ou dolorosas, pulsantes, porém conquistadoras, com estas outras experiências rancorosas, a dos anos de experiência, a do já vi este filme?

Como prepará-los para um mundo cada vez mais globalizado e competitivo? Quer proteger os filhos dos erros, mas se corre o risco de torná-los teleguiados, sem garra, sem determinismo ou vontade própria. Os pais precisam estimular os filhos para controlar impulsos de raiva, descontentamento ou conflitos de relacionamento. Mas, cada jovem tem de achar o seu caminho, mesmo que seja por uma série de erros, recaídas, altos e baixos.

Não quer dizer que se tenha de ser omisso, indiferente às necessidades, mas se pode trabalhar intensamente para despertar a tão almejada liberdade a caminho de um amadurecimento profissional. Um dos pontos fundamentais que GOLEMAM (1996) destacou foi o de dar maior valor ao controle dos impulsos e caprichos infantis como egoísmo, agressividade, falta de respeito a normas de convívio social, em decorrência da falta de limites estabelecidos às crianças, em virtude da cultura anti-repressiva existente até então, situação esta que tende a mudar a partir da divulgação da sua teoria.

Para a transição ocorrer de modo prazeiroso, nada melhor que uma viagem com um grupo de jovens, na qual poderão ser testados todos os princípios incutidos pelos pais e educadores durante todos os anos de formação. Há constante necessidade na melhoria dos trabalhos das equipes de apoio a esses jovens, pois há necessidade constante de mudança para as atividades não ficarem repetitivas e enfadonhas. O que é bom hoje gera insatisfação amanhã. Os turistas estão sempre em busca de novos horizontes, novas maneiras de ver o real. Portanto, as estruturas organizacionais das empresas de turismo, devem ser dinâmicas o suficiente para acompanhar essas evoluções do mercado. Se quiserem continuar na liderança precisam sair da inércia e tomar iniciativas desafiadoras.

Se, para os deficientes, os profissionais do turismo têm de dar atenção especial, quando se trata de jovens saudáveis, aí é que está lançado o desafio para coordenar e integrar todo o grupo com muita saúde e disposição! Deve-se encarar toda experiência como positiva, para que a vida seja mais fácil de ser levada, cada vez mais gostosa de ser vivida, para que flua dentro de um ritmo produtivo, para que se exercite a máxima da educação: *ouvir e ser ouvido*, inventar em cima do real, do difícil, do impossível, do demorado, do problemático e dar condições de se fazer um exercício saudável de pensar que tudo o que é poderia não ser ou poderia ser diferente.

Portanto, são incompatíveis posturas de hoteleiros que adotam posturas conformistas ou de inércia do tipo: *"deixa como está... faz de qualquer jeito... faz uma gambiarra... não enrola é apenas um grupo de rapazes... não vão nem notar que está faltando... acaba logo com isso... deixa de inventar moda..."*.

13. Treinamento para turismo com a terceira idade

Deve-se dar atenção especial para a terceira idade – ou melhor idade – por constituir um grupo de turistas que carecem de cuidados especiais.

> *"... o Turismo de Terceira Idade constituirá, tanto interna como internacionalmente um expressivo fator de desenvolvimento do tráfego turístico e das destinações de viagens."*
>
> MÁRIO CARLOS BENI (s.d.)

Explicita de modo claro este importante segmento de mercado, que tem características próprias de desenvolvimento de pessoal, em função de limitações físicas ou por interesse em lazer mais passivo. Com o aumento da expectativa de vida, a utilização do tempo livre em roteiros turísticos é um dos fatores que pode desenvolver qualidade de vida de modo prazeiroso. Esta ampliação de visão do mundo, pelo lazer que o turismo proporciona, tem ajudado a integração desta parcela da população – devolvendo ou não deixando que sintam – falta da sociabilidade.

O adequado planejamento dos roteiros deve levar em conta as limitações físicas e fisiológicas de cada integrante do grupo, para que possa ser elaborada uma programação que gere boas impressões no desenrolar da viagem e recordações das experiências vividas ao retornar. Os profissionais de turismo que trabalham com esta faixa de idade, tem de ser dóceis, pacientes, de boa comunicação, deverão levar informações das limitações de cada integrante do grupo, a fim de não ocorrerem imprevistos que possam macular a viagem.

Na Europa e América do Norte, os integrantes da *melhor idade* fogem das temperaturas baixas do inverno e procuram regiões de temperaturas mais amenas, perfeitamente suportáveis. Neste ponto, o Brasil é privilegiado em relação a outros continentes. Poucos lugares do mundo têm clima tão agradável o que significa um agente facilitador de criação de roteiros específicos para esta importante faixa de consumidores, principalmente com a constante elevação da expectativa de vida da população mundial.

Para tanto, os hotéis e restaurantes devem implantar serviços específicos para esta faixa de mercado, que tem outro ritmo de vida e padrões de exigências diferenciados.

14. Conviver com o diferente

Os hoteleiros devem ter em mente que tudo poderá ser diferente do que é, e de que qualquer hóspede ou empregado poderá contribuir para ser diferente.

As mudanças ocorrem independentemente da vontade de cada um: se não forem feitas por meio de um grupo social, fatalmente serão feitas por outro, que, logicamente, levarão os méritos da vitória. Neste aprendizado constante, descobre-se que tão importante como não fazer, é saber que existe a alternativa de fazer *errado* com responsabilidade. Não julgar de modo simplório que aquilo que é, seja mais importante daquilo que não é *hoje*. Muitas atitudes combatidas no passado por muitos hotéis, hoje são encaradas de modo simplório e indiferente.

Quando se imagina um projeto hoteleiro, começa-se sempre com sonhos, devaneios, utopias, mas se está viajando o tempo todo em direção do real. O que se imagina não é o real menos o valor da realidade, é uma outra coisa mais profunda e distante e que se busca ardentemente. O gostoso está mais na trajetória da busca do ideal, que em atingir o final da meta delineada.

Deve-se tomar cuidado para não ficar viajando o tempo todo e nunca realizar os ideais. Alguns hoteleiros são tão criativos, geram tantas idéias, mas nunca as colocam em prática, porque mentalmente sempre tem um maneira melhor de executar! Não está-se fazendo apologia contra a criatividade, mas existe uma grande necessidade de se materializar os sonhos, fazê-los tornarem-se realidade, palpáveis por meio de um trânsito sutil de transações e transformações de idéias. Exemplificando este item, observe um veículo com dez anos de uso e o compare com um veículo de mesma marca, novo. Observe, na comparação, quanta coisa mudou: estilo, acabamento interno, acessórios, itens de conforto e segurança, motor mais possante e mais econômico. Praticamente outro veículo, até o logotipo foi reestilizado.

Faça a mesma comparação com o seu hotel. Será que o seu hotel tem sido revitalizado permanentemente, atualizado por novos equipamentos, serviços otimizados, a sua taxa de ocupação está em escala crescente, seu quadro funcional treinado e desenvolvido para fazer frente aos novos perfis de clientes? Ou você deu apenas uma garibada na fachada, fez uma gambiarra nas instalações e a única coisa que você atualizou mesmo foi a tabela de preços? O seu cliente está pensando em custo-benefício. *"Para hospedar-me neste hotel velho, caindo aos pedaços, pago R$60 a diária; no hotel em frente, mais novo e bem-conservado, pessoal educado e amável pago os mesmos R$60, portanto..."*. O processo de melhoria operacional deve ser constante. Inove constantemente. Crie novos serviços, aperfeiçoe os atuais e pesquise sempre com o seu cliente, se alguma coisa o desagradou. Se algum serviço seu pode ser ainda melhorado para satisfazê-lo mais, faça-o, se possível hoje mesmo.

Em um momento, ouve-se a voz da experiência, em outro, se é uma pessoa que fica continuamente experimentando tudo que aparece à sua frente. Alguns hoteleiros, em certos momentos, agem de modo tradicional, em outras horas demonstram ser inovadores, não se prendendo a nada do que existe. O difícil na gestão hoteleira é a busca do equilíbrio entre fatores conflitantes. O resultado? A velha dicotomia: *fracasso* ou *sucesso!* As posturas diante da realidade empresarial é que delinearão o caminho a ser seguido.

E, nesse convívio, com o diferente, está a grande preocupação da gestão dos talentos humanos: atualmente, busca-se, no mercado, indivíduos mais preocupados com aspectos relacionais que com capacidades específicas, ou seja, busca-se os que têm educação mais global, generalista. Deste modo, os indivíduos que possuem apenas uma intelectualidade, vão sendo esmagados, comprimidos pela sociedade, não conseguindo nenhum trabalho de qualidade e, se conseguem empregos, não conseguem se sustentar neles em função das mudanças sistêmicas. Esta é uma realidade do mercado, que não dá mais para esconder; basta olhar as famílias ao nosso redor para notar as falhas pessoais de não serem adeptos da formação permanente.

15. Arquitetura hoteleira

"O turismo é prefigurativamente pós-moderno, devido a sua particular combinação do visual, do estético e do popular."
JOHN URRY (1996)

Existe uma velha dicotomia entre forma e função. Alguns arquitetos vão atrás de uma forma bonita, mas que não funciona no dia-a-dia, outros criam coisas funcionais que não despertam nenhum estímulo ou atenção nos usuários do hotel. O arquiteto FRANCISCO CAROL[7] comenta:

"Uma das primeiras coisas que se procura saber é a insolação do local, conhecer o terreno e saber que tipo de padrão é o empreendimento, para que público se destina, qual a assiduidade, qual o tipo de condicionante que tem o próprio local, se você vai integrar sua arquitetura ao lugar – seja uma encosta, seja no meio do mato."

A forma desperta o lúdico, mas se a função não estiver bem montada a qualidade dos serviços não aparece.

---

[7] CAROL, Francisco. Arquiteto especializado em Hotéis. Empresário e vice-diretor da Faculdade de Arquitetura e Urbanismo da Universidade Santa Cecília. Santos. SP. Entrevista concedida em janeiro de 1998.

"É justamente aí que está toda a parte intelectual de quem projeta. Se você aloca um espaço para a administração, tudo que gira em torno da administração tem de estar próximo; se outro espaço é para o atendimento do público, é só para ele. Não se pode misturar."

Pode-se usar materiais caros, ter espaços bem amplos e abertos, mas sem paisagismo e criatividade ficam sem graça e não vendem aconchego. Quem projeta um hotel, na realidade, está projetando um complexo de serviços que, justapostos, irá definir um padrão de qualidade operacional e precisa, primeiramente, saber como funciona cada célula. Senão, os usuários da sala de leitura vão ficar sabendo, logo cedo, que hoje no almoço será bife de fígado acebolado!

O universo de um hotel não se prende apenas às unidades habitacionais da hospedagem, mas aos diversos ambientes de Alimentos & Bebidas, bar do "deck" de piscina, bar executivo, "snack-bar", "bistrô", "boîte", restaurante à francesa, restaurante americano, churrascaria, lanchonete, cozinha central, cozinhas setoriais, "room-service", copa-andar, lavanderia, áreas de lazer, salões de jogos e entretenimento, cassinos, centros de convenções, salas de reunião, fisioterapia completa, "spa", "feetness center", manutenção predial, elétrica, mecânica, eletrônica, telefônica telecomunicações, parques e jardins, zoológico, captação e tratamento de água, captação e tratamento de esgotos, geração de energia, vapor, frio, etc., ou seja, quem dirige um hotel completo está dirigindo na realidade mais de 35 empresas justapostas! Não é qualquer um que tem habilidades e aptidão para gerir tamanho complexo empresarial.

Se gerir é difícil, imagine criar, projetar um complexo desta envergadura. Muitas vezes, economiza-se no projeto arquitetônico e gasta-se a vida inteira na operação. Isto acontece, principalmente, quando o capitalista que está encomendando o projeto desconhece a operação hoteleira; que, diga-se de passagem, é uma das operações mais complexas. Fora o hotel, em termos complicativos de projeto, só existe o hospital como mais importante, por mexer com o fator vida. Quaisquer demoras, atrasos, congestionamentos de corredores podem significar que o paciente que está em uma maca, dirigindo-se a um centro cirúrgico, pode perder a vida. No hotel, não é tão brusco o impacto, mas projetos mal-elaborados traumatizam e geram serviços deficientes.

É fácil notar quando o hotel foi projetado e quando foi apenas construído de modo empírico. Teoricamente, construção é chão, parede e teto. Se o arquiteto não tem conhecimento do meio ambiente, pode projetar um hotel para uma região úmida como se fosse para uma região seca. Aloca todas as unidades habitacionais no andar térreo e amarga pelo resto da vida a convivência com umidade, ácaros, mofo.

"Ao passo que, se fosse construído sobre pilotis, a incidência dos fatos negativos seria minimizada ou eliminada, pois estaria sendo criada com uma circulação de ar por baixo e por cima."

Os erros começam pelas vias de acesso, estacionamentos e chegadas à recepção. Continuam os erros arquitetônicos pelas entradas que não separam hóspedes que chegam de automóvel ou táxi dos que chegam de ônibus. Não segmentam os fluxos-hóspedes, passantes usuários de serviços de hotel ou congressistas. Continuam os erros na mistura das funções de portaria, "consièrge", recepção propriamente dita, caixa. Bagageiro cruzando com o acesso as áreas de apoio administrativo e gerência. Fluxo de malas que entram confundindo-se com fluxo de malas que saem. Elevadores mal-dimensionados misturando carga e pessoas.

Projetos adaptados e que jogam para os últimos andares áreas de grande movimento – como centros de convenções e restaurantes panorâmicos – que sobrecarregam e encarecem a estrutura o que obriga um arquiteto a projetar elevadores específicos para estas áreas ou, o mais comum, deslocar todo esse público misturado com o fluxo dos hóspedes normais. A essa altura adeus ao fator segurança e filas intermináveis nas portas dos elevadores de cada andar, irritação, batidas nas portas, fluxo de pessoas pelas escadas. Para os hóspedes, serviços de má qualidade; para o coitado do gerente administrar, uma reclamação em cima da outra para uma situação que não tem solução sem uma reforma, ou depender do grau de erro arquitetônico, demolir e reconstruir.

Obras intermináveis por não terem sido assessoradas por um especialista em hotelaria ou um arquiteto que tenha formação hoteleira também. Unidades habitacionais com arranjo físico inadequado – fazendo os hóspedes tropeçarem nos móveis, armários mal-dimensionados, banheiros sem ventilação e iluminação exterior, onde não há exaustão e os espelhos, embora de cristal, sempre embaçados. Piscinas sem privacidade permitindo a circulação de pessoas em seu redor inibindo os usuários. Áreas de serviço distantes das áreas de hospedagem sem proteção para dias de chuva e sol forte. Isto só para enumerar os pontos funcionais que o hóspede percebe.

Se forem analisados os fluxos de circulação de empregados, materiais e de manutenção de equipamentos aí que o caos está instalado. Ninguém se entende, ninguém acha ninguém, e o pior, com toda essa confusão, muitas pessoas se misturam aos hóspedes para roubá-los ou para circular pelo hotel sem serem percebidos ou controlados. Segurança zero! Em uma situação de pânico grau de sinistro aumentado em função da falta de planejamento, principalmente se as escadas forem em forma de leque e sem portas corta-fogo!

O capitalista *proprietário de hotel* vem confundindo uma vez mais *persistência* com *teimosia*. Existe um choque cultural muito grande entre capitalistas e arquitetos. Uma coisa é o sonho do capitalista em ter um hotel de tal forma. Outra coisa é esta forma ser o melhor meio de transformar o sonho em projeto e realidade. Confunde controle e administração com meter-se em todos os serviços não respeitando hierarquia – já que é o dono do dinheiro – e mesmo para os assuntos que não são da sua alçada de conhecimento, passa a dar ordens desprezando o pouco que foi colocado numa planta baixa. Uma verdadeira colcha de retalhos.

"Aliás, plantas são uma exigência da prefeitura. No fim de tudo, eu contrato um desenhista baratinho, ele bota mais ou menos no papel e pronto. Eles vão arquivar mesmo!"

Na porta do hotel uma placa com a classificação hoteleira: ***** o hotel sendo comparado com hotéis do mundo inteiro de mesma categoria.

Por outro lado hoteleiros – e não *proprietários de hotel* – contratam serviços de arquitetos especializados para elaborar seus projetos. Harmonia com meio ambiente, beleza de formas, funcionalidade, custos de construção justos, prazos realistas dentro de um cronograma físico-financeiro, engenharia compromissada com a data de abertura, – "soft oppening" – marcada com antecedência para o setor de marketing ter tempo de lançar no mercado o novo empreendimento; outra realidade; outra tranqüilidade para quem vai implantar e gerir o hotel! Aconchego geral que faz com que os hóspedes filmem, fotografem e até reproduzam, em suas casas, ambientes que gostaram, eternizando – assim – a vivência desfrutada no hotel.

Os hotéis inteligentes – comentou CAROL – possuem:

"sensores que controlam principalmente incêndios, controle de fumaça, calor, hidrantes, "sprinklers", infra-vermelho, escadarias monitoradas no sentido de indicação tanto de parede, teto e chão, mangueiras coloridas, tipo natalinas, que se forem ligadas a uma bateria, podem ser jogadas no chão e os seguranças não precisam usar lanternas na hora do pânico, ficando com as duas mãos livres para socorrer ou orientar pessoas. Este sistema pode ser pendurado em portas, corredores de auditórios."

Como foi visto no capitulo de deficientes, este segmento do mercado hoje tem a vida independente – dentro do grau de sua limitação. CAROL comentou:

> *"A arquitetura pode contribuir instalando portas diferenciadas com dispositivo de uso tátil ou sonoro para orientação de cegos dentro dos limites do hotel. As rampas além de facilitar a movimentação de carrinhos de bagagens, permitem deslocamento autônomo para os paraplégicos, sem contar os sanitários especiais com corrimãos. Além disso deve ser projetado um apartamento a cada vinte, com instalações completas para atender os deficientes. O problema arquitetônico para o deficiente é quando se faz necessário transportá-lo verticalmente quando não tem força, quebra um elevador, ocorre pânico, ou acontece uma emergência. Existem plataformas que podem ser adaptadas aos corrimãos do centro da escadaria."*

Uma nova tendência é de hotéis como *Sky Tower* em Toronto – Canadá, hotel dentro do estádio esportivo. Como comentou o arquiteto FRANCISCO CAROL:

> *"Fica-se na dúvida se o hotel tem um estádio esportivo, ou se é o estádio esportivo que tem um hotel. As janelas da suíte ficavam para dentro do estádio. Ao lado um Hard Rock Café também dando vista para o estádio. A própria recepção do hotel tem uma visão panorâmica para o estádio. Aqui no Brasil pegaria muito bem um empreendimento deste tipo, dando uma destino macro para empreendimentos desta envergadura."*

O arquiteto pode ter a idéia básica que vai gerar todo o projeto ou empreendimento, mas, muitas vezes, pode precisar da assessoria de um sociólogo, engenheiro ou até de um antropólogo, para se juntar à equipe de suporte ao empreendedor. CAROL comenta:

> *"O cliente chega e pede um projeto que é o seu sonho. O arquiteto analisa, cria, materializa o sonho do cliente, torna-o realidade, ou seja, é possível fazer. Depois vem o engenheiro e diz como é possível executar."*

A grande mudança do mercado é que o hóspede está impondo a sua vontade. Se o hotel não dispõe das instalações que ele julga serem importantes, troca por um hotel que o atenda de modo mais amplo. Em tudo que foi exposto, passamos pelo fator treinamento em qualidade do quadro funcional, no qual os aspectos arquitetônicos contribuem para a formação de um conceito global do hotel, para que o hóspede se sinta em família e, se possível, melhor que na sua casa.

Bibliografia

ABOIM, JMB. *Elementos básicos de economato.* Portugal. Lugo, 1983.

ABRESI. *A indústria do turismo no Brasil. Perfil e tendências.* São Paulo. H&D, 1996.

ALBRECHT, K. *Programando o futuro.* São Paulo. Makron Books, 1994.

BENI, MC. *Uma nova era para o turismo.* Ensino em turismo – turismo e lazer. São Paulo. Edicon, 1996, p. 79

FERRAZ, JA. *Manual de esclarecimentos. Turismo no código de defesa do Consumidor.* SECTUR – Gov. Estado de São Paulo, 1991.

GOLEMAN, D. *Inteligência emocional.* Rio de Janeiro. Objetiva, 1995.

LAGE, BHG E MILONI, PC. *O turismo no mercosul.* Ensino em turismo – Turismo e lazer. São Paulo. Edicon, 1996, p.103.

MAFFESOLI, M. *A conquista do presente.* Rio de Janeiro. Rocco, 1984, p. 27.

MENDONÇA, R. *Turismo ou meio ambiente: uma falsa oposição?* (s.d.), p. 20 e 23.

PINTO, F. *Reportagem.* Revista Marketing ed. 292. 05/1997.

QUINTAS, MA. *Tratado de Hotelaria.* Portugal. Printer. 1988.

SENAC. *Qualidade em comercio e serviços: casos e caminhos práticos.* São Paulo. Makron Books, 1992.

SOROS, G. *Por uma sociedade global aberta.* São Paulo. Revista Veja ed. 1527. 24/12/1997.

TRIGO, LGG. *Turismo e qualidade: tendências contemporâneas.* Campinas. Papirus, 1996.

URRY, J. *O olhar do turista: lazer e viagens nas sociedades contemporâneas.* São Paulo. Studio Nobel. SESC, 1996.

VIGNERON, J. *Comunicação interpessoal e formação permanente.* São Paulo. Angellara Editora, 1997.

YAZIGI, E. *A personalidade de lugar no planejamento turístico: a busca de uma metodologia.* São Paulo. Edicon, 1996, p. 29.

Capítulo **4**

DESENVOLVIMENTO DE PESSOAL COM QUALIDADE

"Os velhos imperativos eram trabalhar duro, procurar fazer as coisas corretamente, fazer melhor a cada ano e crescer gradativamente. Os novos imperativos são: repensar as bases, adaptar-se a novas formas de fazer negócios, reinventar processos e abandonar o passado. Neste contexto sempre em mudança, não é de surpreender que as pessoas desejem uma vida estável, plena de sentidos e verdades.
Os seres humanos não podem atuar indefinidamente num estado de alarme e confusão."

ALBRECHET (1994)

1. Ciclo de vivência do hóspede

Podemos dividir o Ciclo de Vivência do Hóspede em 3 fases:

- Fase de Expectativa
- Fase de Vivência
- Fase da Divulgação

1.1 Fase de expectativa

O primeiro fator que contribui nesta fase é a PROPAGANDA, com a difícil missão de despertar a curiosidade no mercado consumidor. Os hotéis gastam verbas imensas para comunicar ao mercado consumidor que o hotel existe e quais são suas características. Para tanto, faz-se necessário criar trinômios na mente dos futuros clientes; por exemplo, não basta dizer que vou para um Hotel da Rede Tropical, existem muitos. Mas, se ao comentamos sobre o Hotel, dermos características do macro para o micro, ou seja, Salvador (BA), bairro do Campo Grande, Tropical Hotel da Bahia, aí não ocorrerá confusão com outro hotel da mesma Rede ou outro hotel da cidade. Esta imagem mental fica armazenada no sub-consciente até que surja a necessidade de ir a Salvador e entrar numa programação de férias a médio prazo. Por não ser a hospedagem um produto de consumo imediato, pode sofrer interferência de outras campanhas publicitárias que possam fazer com que o proposto hóspede esqueça do hotel. Portanto, o marketing hoteleiro deve ser homeopático, constante para manter a imagem do hotel viva na mente do cliente. Alguém pode pensar assim: *"Não precisa mais promover a Coca-Cola, todo mundo já conhece"*. Não se pode pensar assim, senão outro concorrente vem e toma uma parcela do mercado. Isto também faz parte da manutenção da qualidade. O hotel precisa sempre estar vivo na mente dos consumidores. Os hotéis gastam em páginas na internet, folhetos, "display", brindes para serem distribuídos aos futuros clientes, locuções em rádios, inserção em jornais, revistas especializadas, televisão, e todo esse esforço traz o hóspede até um terminal de computador, fax ou a uma central telefônica.

O segundo fator da fase de expectativa é o da RESERVA, que vem a ser o início de um compromisso entre o hotel e o proposto hóspede. Todo esforço despendido até o momento pode vir por terra, se, no instante em que o cliente telefona, o tronco encontra-se ocupado, quem o atende é uma central telefônica computadorizada que demora a repassar a ligação para um atendente da reserva, ou aquela música de fundo tão conhecida – quando não uma rádio local oferecendo algum produto popular ou pior tocando a música *Ali Babá* – e pedindo para aguardar 1 minuto, por favor... Um minuto DDI é um bocado caro! Perde-se o cliente, que foi tão difícil de ser conquistado, por não ter treinado a telefonia em técnicas de telemarketing. Coloca-se a culpa na campanha publicitária, pois não está dando retorno! Mas, se ao ligar para o hotel, o atendimento for rápido e cortês – *"Tropical Hotel da Bahia, bom-dia..."* – toda a boa imagem vendida na campanha publicitária, irá surtir efeito positivo.

O terceiro fator da fase de expectativa é o da CHEGADA, que constitui a etapa de maior apreensão. Do lado do cliente pela curiosidade normal de conhecer o hotel e a cidade; do lado do hotel para descobrir qual o perfil do cliente e de como satisfazê-lo de modo global. O hóspede pode estar bastante interessado na viagem, só que na chegada pode estar sobre o efeito de diversas variáveis que podem causar mal-estar ao chegar ao hotel. Por exemplo: um hóspede que tenha saído da Suécia com -10°C e aterriza em Salvador com +35°C. São 45°C de variação no seu organismo em menos de 24h! Obviamente que poderá ter problemas com o calor, pressão atmosférica, umidade relativa do ar, podendo causar mal-estar. Ou um hóspede que esteja há muito anos sem férias. Quando chega ao hotel ainda está sobre o efeito da fadiga, poderá chegar mal-humorado e com a cabeça toda programada minuto a minuto. Outro hóspede fez uma viagem aérea com alguma turbulência e pode chegar ao hotel nervoso, sem contar demoras nos despachos de bagagens nos terminais, alfândegas. Corridas de táxi em dias de chuva ou com muito trânsito, constituem fatores que podem contribuir para que o hóspede chegue ao hotel nervoso e irritado. Se além de tudo isso – variáveis que o hotel não controla – ao chegar na porta do hotel é recebido de modo indiferente pelo capitão porteiro, manobristas e mensageiros, configura-se, então, um quadro de desolação total. Mas, se ao chegar ao hotel, o capitão porteiro atendê-lo com cortesia, dando as boas-vindas ao hotel: *"Bem-vindo ao Tropical Hotel da Bahia"* com um sorriso nos lábios e, logo em seguida, o mensageiro incumbir-se da sua bagagem, o referencial muda, ou seja: *"Tive alguns problemas até chegar aqui, mas estou achando que vou me dar muito bem neste hotel"*. E entra no hotel confiante de continuar a receber bons serviços.

O quarto fator da fase de expectativa é o da a IDENTIFICAÇÃO que constitui o início de um relacionamento interno. O recepcionista tem mais ou menos 3 segundos para observar o hóspede que está chegando, a fim de observar que tipo de personalidade pode ter o hóspede, que astral lhe transmite para decidir o tipo de abordagem que fará. Dentro de uma semiótica, a fisiologia, aparência, modo de se portar e vestir, linguagem utilizada, expressões faciais são fatores que ajudam o recepcionista a tomar esta importante decisão.

O setor de recepção também pode constituir-se em um fator de descontentamento, se o hotel não honrou uma reserva com depósito, ou não tem o tipo de quarto que o hóspede gosta de ficar – se for um hóspede habitual – e o pior de todas as reclamações, o recepcionista não encontra o "voucher" da reserva e vai ser obrigado a mandar o hóspede para um hotel próximo! Agora, se o recepcionista já executou o pré-"check-in" na noite anterior, bloqueou a unidade habitacional escolhida, localizou a Ficha Social – "Guest History Card" e já pré-imprimiu a Ficha Nacional de Registro de Hóspede, cabendo ao hóspede apenas confirmar os dados preenchidos e assinar, na hora do "check-in", a impressão do hóspede sobre o hotel será outra.

1.2 Fase de vivência

O quinto fator denominado REGISTRO caracteriza-se por determinar o fim da fase de *expectativa* e o início da fase de *vivência*, entregando ao hóspede o Cartão de Identificação e no "interface" entre o recepcionista e o mensageiro, entregando-lhe a chave da unidade habitacional que foi designada e recebendo a informação de quantas malas ou pacotes o hóspede trouxe. Até agora tudo bem com as expectativas, pois os hotéis costumam ser bem decorados, móveis imponentes, quadros de artistas famosos, lustres de cristal, vários terminais de computadores ligados – alguns nem operam corretamente – mas passam ao hóspede uma imagem de ordem e organização. Ao entrar no elevador o hóspede começará a sentir realmente os serviços hoteleiros de apoio!

O sexto fator denominado INFORMAÇÃO, na fase de vivência, tem a tarefa de divulgar os serviços do hotel. Nesta hora surge o nosso mensageiro, não como um trabalhador braçal carregando malas, mas como um relações públicas interno, informando ao hóspede como se movimentar dentro do hotel. Dá algumas informações sobre serviços de apoio, abre a porta da unidade habitacional e apresenta-a ao hóspede. Checa se todos os aparelhos funcionam perfeitamente e ensina o hóspede a operá-los. Checa arrumação e higienização da unidade habitacional, confere a geladeira, despede-se do hóspede desejando-lhe uma boa estada com um sorriso nos lábios.

O sétimo fator denominado INSTALAÇÃO na fase de vivência, caracteriza-se por oferecer um perfeito acolhimento ao hóspede. Surge, nesta hora, a função importante da arrumadeira, que poderá – dependendo das normas do hotel – bater na porta do quarto do hóspede recém-chegado, identificar-se e oferecer-se para desfazer as malas. Pergunta – também – se tem alguma roupa para lavar ou passar, e observa o tipo de bagagem que o hóspede está trazendo. Quaisquer anomalias – como hóspedes a mais do que os registrados – ou falta de bagagens, informar a governanta que, por sua vez, avisará à Recepção. Alguns hotéis – nesta fase – designam um garçom para levar na unidade habitacional suco ou "drink" de boas-vindas – "wellcome drink" – desejando as boas-vindas ao hotel em nome da gerência.

O oitavo fator denominado de UTILIZAÇÃO, na fase de vivência, tem muito a ver com o conforto e o estado geral dos móveis e equipamentos para uso na unidade habitacional. É nesta hora que aparece a mão invisível da Manutenção, que – quando tudo vai bem – ninguém nota que ela existe, mas basta alguma coisa não andar nos eixos que todos lembram-se rapidamente dela. Fatores que causam grande indignação e significam nota baixa para o empreendimento hoteleiro são: chuveiros com jato mal-dirigido, temperatura inadequada da água de banho, cheiros fortes, ar-condicionado que não funciona perfeitamente, telefone com interferência, televisão com problemas, móveis sem cuidados, colchões desgastados, etc.

1.3 Fase de divulgação

O nono fator denominado FECHAMENTO DA CONTA constitui-se no final da fase de vivência e o início da propagação da vivência. Os hoteleiros podem ter feito tudo corretamente até aqui, mas, na hora do fechamento da conta, o Caixa é ríspido, insensível, trata os hóspedes como se estivessem em uma fila de padaria de subúrbio. Até nesta hora, aliás, uma hora de grande importância, os Caixas devem ser gentis, tirando as dúvidas dos hóspedes com relação a lançamentos, formas de pagamentos, principalmente quando forem grupos para não dar origem a filas. Para facilitar está operação, é usual tirar-se uma cópia – um dia antes – dos lançamentos e colocar junto ao escaninho das chaves, para que o hóspede confira a conta com toda a tranqüilidade e não na fila do "check-out".

O décimo fator denominado SAÍDA é um dos principais fatores da fase de divulgação, pois tem a ver com o evento saudade. Hóspedes mal-atendidos não sentem saudades e é um alívio, uma libertação estar saindo do hotel. Mas o hóspede que sente saudades precisa mas não quer ir embora. Como se materializa a saudade? Saudade é um cisco que entra nos olhos na hora do "check-out". Saudade é uma bolinha que fica na garganta, que você engole, toma água, come miolo de pão, tosse e ela não sobe e não desce. Saudade é tirar a última foto com o capitão porteiro na porta do hotel. Saudade é pedir para o motorista de táxi dar uma última volta no Campo Grande para ver o Hotel da Bahia mais uma vez. Saudade é embarcar no avião no Aeroporto 2 de Julho – Luiz Eduardo Magalhães e ficar procurando o Hotel da Bahia entre as nuvens, até que desapareça.

"Quando vamos embora olhamos com interesse e curiosidade o meio ambiente que nos cerca."

JOHN URRY (1996)

O décimo primeiro fator é a RECICLAGEM, o último da fase de divulgação e do Ciclo de Vivência do Hóspede. Vem a ser – depois de um tempo – a consulta do álbum de fotografias da sua viagem e ficar fitando, uma a uma, as fotos como se estivesse passando um filme; folheia uma revista ou assiste a uma propaganda em que aparece o hotel, sente a mesma emoção relembrando os momentos bons que vivenciou. E se tem alguém ao lado tem orgulho de dizer que esteve naquele hotel e de que seus serviços são excelentes. Esta é a melhor propaganda, a propaganda boca-a-boca. Testemunha viva de um trabalho profissional e que predispõem o cliente a consumir novamente seus serviços, gerando um novo Ciclo de Vivência. Se, numa próxima vez, retornando ao hotel, perceber que houve melhorias nos serviços apresentados, ter-se-á o que se chama de cliente fiel a uma rede hoteleira e dificilmente outra fará a sua cabeça, pois esta satisfez suas necessidades.

Em todos esses 11 fatores, nota-se que o principal foi a dedicação e o profissionalismo de todos os empregados do hotel, que devem trabalhar dentro de uma máxima: *"Não basta ser bom de vez em quando, é preciso ser bom sempre. Errar sempre, mas errar cada vez menos e coisas diferentes".* Só assim o hotel atingirá a excelência e os hóspedes retornarão com satisfação para usufruir dos serviços feitos com qualidade superior.

2. Casos & Casos

ALGUMAS VEZES, o hoteleiro se deparará com situações embaraçosas ou diferentes. Certa vez, um hotel fez uma campanha promocional para os salões de convenções que ficavam vazios nos finais de semana. Começou a divulgar no mercado que para casamentos realizados nas dependências do hotel, os noivos teriam como presente do hotel o direito de utilizarem a suíte "duplex" na noite de núpcias. Tudo bem com a promoção por algumas semanas, até que em certa madrugada o auditor noturno recebeu uma chamada telefônica diferente. Era da suíte "duplex", onde um casal de noivos em função da tranqüilidade de estarem no próprio hotel, beberam um pouco além do normal. Só que na hora de o noivo carregar a noiva no colo até o leito, deparou-se com um problema: o leito nupcial ficava no andar superior e os dois bêbados deveriam subir uma escada caracol! Não tiveram dúvida. Pediram ajuda e quem carregou a noiva até a cama – com todo o respeito – foi o auditor noturno. Crente de ter terminada a sua missão, espantou-se pois também teve de levar o noivo para a cama, acomodou os dois no leito e desejou-lhes: boa-noite. Casal bom de cama!

EM OUTRA OPORTUNIDADE, um casal hospedou-se no hotel com um "voucher" comunicando franquia total de serviços, desde traslado, "city-tour", diária tipo AP ("American Plan" – Pensão completa) e com uma expressão inglesa que todo hoteleiro gosta digitada no final dos serviços inclusos: garantia de "no show". Os dias foram passando, até que chegou a sexta-feira. Um produtor tinha alugado o centro de convenções para apresentar uma banda regional e cobraria ingressos dos interessados. Quando este casal notou que haveria uma apresentação artística no hotel, logo se ouriçaram para assisti-lo. Arrumaram-se e dirigiram-se com o "voucher" e o apresentaram ao porteiro do centro de convenções, que obviamente não aceitou e indicou para que o casal se dirigisse ao caixa para comprar os ingressos. Deu tamanho tumulto na entrada, pois o casal mostrava o "voucher"com garantia "no show" (em caso de não comparecimento a agência se responsabilizaria pelo pagamento) e o casal interpretando como se fosse garantia no "show". Para encurtar o desfecho, foi mais prático conseguir dois ingressos de cortesia com a produção, que ficar polemizando com os hóspedes que sempre achariam que foram lesados.

CERTA VEZ, um hóspede acordou durante a noite, ainda sonolento, foi ao banheiro do seu quarto. Como estava com o ar-condicionado ligado, mantinha a porta do banheiro fechada para não perder o ar frio. Só que por estar sonolento, abriu a porta do banheiro, urinou e voltou para a sua cama, com a preocupação de fechar a porta do banheiro. Ao invés de fechar a porta do banheiro, abriu e fechou a porta do quarto que dava para o corredor. Que fria, quando observou toda aquela claridade é que despertou realmente. Não se intimidou. Tomou o elevador, foi até a recepção e pediu ao recepcionista para abrir o seu quarto. A sorte é que o fato ocorrido aconteceu às 3h30 da madrugada, senão...

EM UMA VEZ, o recepcionista estava fazendo o "check-in" de dois senhores muito respeitáveis. Preencheram as fichas da EMBRATUR e demais formalidades enquanto o recepcionista estava buscando a chave de um apartamento "twin" para acomodálos. Para sua surpresa, um dos respeitáveis senhores pegou-lhe no braço com força e sussurrou: "'double', *por favor...*"

3. Escalada organizacional

A trajetória de um empregado dentro de um organização hoteleira segue os princípios de um esportista que estabelece como meta atingir o topo do monte Everest. Prepara-se física e psicologicamente para a grande empreitada, munindo-se de todos os conhecimentos necessários para a grande largada. Para valer o esforço despendido é preciso que o escalador atinja o topo do maciço íngreme. A subida com esforço por seus próprios meios, o alpinista realiza a ascensão através da fixação de pontos artificiais de apoio alternando com os apoios oferecidos pelo próprio relevo.

Usando-se dessa alegoria, ou seja, exposição de um pensamento sob forma figurada, pode-se interpretar de duas formas. A primeira é que, muitos iniciam a escalada organizacional sem muita convicção e logo se cansam e desistem da tarefa. Outros, enquanto houver alguém ao seu lado dando-lhe apoio sentem segurança e podem ir até o topo. Há, entretanto, aqueles que se encontram sozinhos a partir de um certo momento e têm de se automotivar para que o medo e o desânimo não os acompanhe. Alguns param pelo caminho e vêem os outros tomar a dianteira. Outros queimam todas as suas reservas em pouco tempo e ficam sem meios de continuar. Alguns ficam desgostosos com a vantagem tomada por outros e contentam-se com suas limitações e, na próxima vez, se prepararão melhor. Mas os mais dedicados lutam contra todas as situações que se apresentem e passo-a-passo se dirigirão para a meta de chegada. À medida que forem chegando ao topo vão tendo maiores dificuldades. Na vida profissional assim como numa escalada, o importante não é a chegada e sim o percurso para se atingir os objetivos. É aí que se aprende a ser um profissional de verdade!

Vamos seguir a evolução de uma arrumadeira que, no desempenho de suas funções básicas, tem como meta diária cerca de 16 unidades habitacionais para arrumar e higienizar. Tem como companheiro um carrinho com roupas limpas de cama e banho, miudezas, material promocional, bebidas e comestíveis para as geladeiras, material de limpeza, equipamentos básicos para o desempenho de suas funções, saco para roupas sujas e prancheta com formulários de programação e ordens de serviços que deverão ser utilizadas durante seu turno de trabalho. Trabalha sozinha, higieniza, arruma e mantém o padrão de qualidade da ala sob sua responsabilidade e presta contas de suas atividades a sua supervisora. Dentro de uma visão heurística, o que mudará na vida desta arrumadeira no dia em que for promovida para o cargo de supervisora de andar?

Mudará tudo em relação à sua rotina atual. Primeiro, não arrumará mais nenhuma unidade habitacional, mas, em compensação, será responsável por uma ala de – por exemplo – 5 arrumadeiras, supervisionando um total de 80 unidades habitacionais. Neste ponto começam, também, a surgir as dificuldades. Passou de uma função meramente operacional, onde era apenas executora de tarefas, para um cargo de supervisão que vai exigir dela conhecimentos de: *Administração de Pessoal* para: controlar horários, escalas de revezamento, definir turnos, autorizar horas-extras, admitir, demitir, promover, elogiar, punir, motivar os empregados sobre sua responsabilidade; *Administração de Materiais*: recomendar, requisitar, armazenar, distribuir, ensinar como usar e custodiar os estoques; *Administração de Máquinas e Equipamentos; Administração de Tempo; Administração da Qualidade; Administração Financeira* do seu setor, além de ter princípios de *liderança* para comandar reuniões e capacidade de *redigir relatórios* expondo suas idéias e dificuldades. Ou seja, nem sempre a melhor arrumadeira tem potencial para ser supervisora de andar! A nossa supervisora quer continuar a crescer no hotel. O próximo passo é passar à governanta executiva. O que mudará nas suas atividades e responsabilidades?

Outra vez, a nossa supervisora deverá ampliar seus conhecimentos, grau de escolaridade compatível com a nova função, se o hotel receber grupos internacionais, faz-se necessário idiomas estrangeiros – geralmente o inglês, no Brasil o espanhol em função do Mercosul. Passa a ser responsável por todas as dependências do hotel, inclusive áreas comuns, salas de estar, salas de reuniões, lavanderia, rouparia, costura, serviços gerais, parques e jardins. Dá atendimento especial para hóspedes "VIP", lidera reuniões com o seu "staff" e participa das reuniões da Gerência. Tudo bem até agora? A nossa governanta está se preparando intelectualmente fora do hotel e deseja continuar a subir na escala hierárquica do hotel. O seu próximo passo é candidatar-se a gerente de hospedagem. Que mudanças ocorrerão na sua vida profissional?

Mais uma vez, agora como gerente de hospedagem, terá de enriquecer-se de conhecimentos, preparar-se intelectual e psicologicamente para coordenar outras áreas além da Governança – que já domina – como Reservas, Recepção, Portaria Social, Caixa e, em alguns hotéis, Promoção & Vendas. Isso quer dizer, que nem sempre uma boa governanta poderá se tornar uma boa gerente de hospedagem, porque os requisitos necessários são diferentes. Mas a nossa gerente de hospedagem está evoluindo muito bem e já vislumbra a possibilidade de tornar-se gerente-geral. O que mudará nas suas responsabilidades?

Para ser gerente-geral, além de conhecer a área de hospedagem, terá de conhecer, também, as áreas de Alimentos & Bebidas, Manutenção, Eventos, Marketing, Finanças, "controler", Custos & Orçamento, Recursos Humanos entre outros assuntos. Ou seja, mais uma vez, deverá acrescer-se em conhecimentos para gabaritá-la a chegar a este importante cargo fundamentada em conhecimentos sólidos. E, por último, a nossa brilhante gerente-geral, que se saiu bem até agora e vai pleitear um cargo na Diretoria de uma rede hoteleira: Conhecer a realidade de um único hotel em uma única cidade é suficiente para orientar os investimentos da empresa? Obviamente que não. Deverá ter sensibilidade para sugerir uma administração globalizada, decidir onde serão os próximos hotéis da rede.

Leva-se uma vida profissional inteira, para sair de um cargo simples e chegar ao topo de uma empresa. Mas bastam alguns segundos, uma cara meio feia, uma resposta atravessada para desmoronar todo este aparato. Leva-se 20 anos para conseguir atingir o topo da empresa, pode-se levar 20 segundos para cair dele. O difícil não foi atingir o alvo, o difícil está sendo se manter no topo da organização. Quando se tem um cargo simples em uma empresa, as atividades são voltadas para a execução das tarefas. No meio da escalada organizacional as atividades são mais gerencias, cobra-se mais a execução. Agora, quando se está no topo, as atividades são políticas e aí é que a coisa pega! Pois, além de ser executor e gerenciador, precisa-se ser político, saber montar as estratégias de venda de idéias e saber o momento certo para apresentá-las à cúpula.

Outra coisa importante é o tempo do verbal que cada nível hierárquico trabalha. Os empregados da base da organização estão preocupados com o hoje, com o presente: *"Preciso preparar o 'mise-en-place' do almoço"*; os supervisores com o futuro próximo: *"Preciso fazer a programação de compras para as próximas semanas"*; as chefias executivas com o médio prazo: *"Vou renovar o enxoval que está previsto no orçamento deste ano"*; as gerências com o longo prazo: *"Vou programar uma reforma para estar pronta daqui a dois anos"*; e a diretoria, com novos investimentos: *"Estamos com um aporte de capital de US$5 milhões, onde construiremos o nosso próximo hotel?"*.

Estas diferenças de tempo de verbal em que cada nível hierárquico trabalha fazem a diferença no dia a dia e, perante os empregados menos esclarecidos, pode parecer que a direção do hotel não está dando atenção às suas reivindicações. Por exemplo: a Central Telefônica está com problemas. A Diretoria do hotel já liberou verba para a compra de uma nova unidade. Para a Diretoria, o problema Central Telefônica está resolvido. Basta administrar sua chegada e instalá-la. Em compensação, para o encarregado da telefonia, o problema ainda não está solucionado e terá de fazer uma série de manutenções corretivas até a chegada, instalação e operação da nova central telefônica, para daí, então, desativar a antiga.

Quanta gente boa passa pelo seu hotel? Já percebeu isso? Quantos rapazes e moças trabalham o dia todo no hotel e esforçam-se em estudar de noite, fazem cursos de idiomas e computação e nunca receberam uma chance dentro do seu hotel? Muitas vezes tal procedimento ocorre por falta de preparo das chefias, que vêem nos subordinados concorrentes diretos aos seus cargos. Fazem segredo das suas atividades, a fim de que nenhum dos subordinados se arvore como possíveis sucessores seus. Por falta de estímulo e oportunidade, estes rapazes e moças, pedem demissão e vão trabalhar em outro hotel. Quem saiu perdendo? O hotel ou os demissionários? Obviamente, quem mais perdeu foi o hotel. Os empregados demissionários de bom nível intelectual, aprenderam muito bem os serviços do seu hotel e estão capacitados a implantá-los em outro hotel concorrente, com algumas vantagens: sabem o que dá certo e o que dá errado na implantação e sabem a ordem seqüencial correta para que não ocorram erros de implantação acontecidos no seu hotel. Conseguirão um novo emprego, salário compatível e, o principal, vislumbrarão uma carreira futura que o seu hotel não lhes proporcionou!

Por que muitos gerentes e chefes têm atitudes centralizadoras? Boa parte deles não está capacitada a subir na hierarquia do hotel. Acham que aquele cargo é o último que podem alcançar por suas qualificações intelectuais. Não estão dispostos a completar os estudos e, portanto, vêem como ameaça qualquer subordinado que está estudando. Chegam, às vezes, a convocá-los fora de hora para prejudicar seus estudos. Mas o que acontece, na realidade, é que estão com medo do desenvolvimento intelectual dos seus empregados. Mas, mesmo com todos estes empecilhos os funcionários conseguem se formar! Bloqueiam suas transferências para outros departamentos, para que não passem à sua frente na corrida promocional. O que acontece? Os empregados formados, sem perspectivas, pedem demissão e vão ser bons empregados em outros hotéis!

"Um número cada vez maior de pessoas sente dúvidas e incertezas sobre o futuro de suas organizações e, conseqüentemente, sobre suas próprias carreiras e futuros. Um número crescente de organizações e seus funcionários, encontram-se em crise de significados. Muitas pessoas parecem mais concentradas naquilo que as divide que naquilo que têm em comum."
ALBRECHET (1994)

E a reposição dos empregados? Tem início com a avaliação de uma série de currículos disponíveis no Setor de Recrutamento. Começa outra guerra. Quanta gente boa tenta entrar na sua empresa e não tem oportunidade de conseguir emprego? Continuando a analisar as atitudes do chefe que perdeu um bom empregado, veremos o seu desapontamento ao comparar os conhecimentos e vivências dos candidatos com as suas e então começa o temor de admitir um candidato capacitado. Engaveta currículos, nunca tem tempo para fazer uma entrevista – está ocupado demais – e, se porventura, processa a entrevista, pinta um quadro difícil das atividades para melindrar o candidato.

Se o candidato usa, por exemplo, rabo-de-cavalo, brinco, tatuagem ou cavanhaque é um prato cheio para descartá-lo. Mas, no fundo, o que está ocorrendo é que está com medo de perder o cargo para alguém mais gabaritado. Não aprova um bom candidato, e sim, um que seja mais medíocre que ele, para que possa marionetá-lo. Pode-se observar que os empregados de um setor têm caras e trejeitos do chefe que os recrutou! São seus imitadores e não ameaçam jamais tomar seu lugar, pois foram selecionados pelo limite de suas incompetências.

> *"É muito mais comum que gostaríamos encontrar gerentes e diretores que acham que não têm problemas. A justificativa pelos eventuais maus resultados é sempre do outro. Este bode expiatório pode ser o governo (estradas ruins, serviços portuários caríssimos, altos encargos sociais, etc.), os fornecedores, os próprios empregados da empresa, etc. Não adianta tapar o sol com a peneira. Não é raro chegar a uma empresa e ouvir uma verdadeira ladainha de auto-elogios."*
>
> CAMPOS (1992)

A origem dos problemas está sempre no outro departamento ou a matriz não tomou posição ainda sobre tal assunto: o tempo vai passando e os empregados vão se acostumando a trabalhar num ritmo inadequado, quando se dão conta... é tarde demais!

Este mesmo chefe faz críticas aos programas de promoção dos demais colegas, pois nunca é lembrado quando surgem vagas e um dos fatores principais desta postura da empresa hoteleira é de que ele não teve a capacidade de preparar alguém para o seu lugar. Como chegou a este cargo de chefia? Dos mais diversos modos. Alguns por tempo de casa! O tempo de serviço em um hotel avaliza nossas atitudes, mas não deve ser o único parâmetro para promover alguém. Outros subiram por dominarem dados confidenciais da empresa e descobriram alguma coisa errada e ameaçaram torná-la pública, caso não lhes seja dada uma promoção. Outro assume a chefia de um setor do hotel porque casou com a filha do hoteleiro. E, geralmente, gostam de gerências com nome em inglês: "Marketing Manager", mas o que entendem mesmo de marketing usaram para conquistar a filha do proprietário do hotel; e pior, tiram o lugar de um profissional preparado. Já disse um empresário de sucesso: *"Parente não é gente. Genro, nora e primos, sobrinhos, cunhados são agregados."*

Do mesmo modo, cultura hoteleira não se transmite apenas via espermatozóides. Não é porque o pai foi um hoteleiro de sucesso que os filhos também serão. Até pode ocorrer. Mas, na corrida internacional que nos encontramos, qualquer coisa deve ser feita para manter viva a empresa, além de competitiva em relação ao mercado.

"O controle de qualidade não é um remédio miraculoso,
suas propriedades são como a homeopatia chinesa."
ISHIKAWA (1997)

Não dê remédios paliativos para a sua empresa para sobreviver apenas uma temporada de verão. Crie condições para que ela esteja viva por muitas décadas!

A estratégia *normal* para muitos negócios, parece ser: "*avançar até sermos fuzilados*". ALBRECHT (1994) comentou ainda que

> *"não há estratégia, exceto manter-se em movimento na direção atual e esperar que nada de ruim aconteça. Os líderes da maioria das empresas raramente pensam o inimaginável. De fato, muitos deles não chegam a pensar o imaginável. As pequenas companhias, principalmente, tendem a seguir a intuição. O significado e a direção podem ser razoavelmente claros para os líderes que os traduzem nas decisões do dia-a-dia para todos. Mas, à medida que as empresas crescem e obtêm sucesso e seus mundos tornam-se cada vez mais complexos, elas com freqüência entram na fase nublada em que as coisas*

não parecem mais tão claras. O alto executivo fica aborrecido ao ouvir as pessoas dizendo coisas que indicam que elas não compreendem ou não aceitam as prioridades dos negócios. Surgem as facções, as pessoas traçam linhas de batalha. O conceito de uma única família feliz cede lugar a uma coleção de clãs que podem não sentir que existe uma causa em comum que os una."

Para resolver estes impasses da base da pirâmide, o hoteleiro decide contratar um profissional formado nos EUA, Espanha ou Suíça para resolver seus problemas. Entra na pirâmide de pára-quedas em cargos gerenciais e começa a remexer na estrutura organizacional e de serviços. Pede serviços e estudos, obviamente, para as chefias intermediárias despreparadas, aí se instala o caos, pois a cultura do hotel não foi preparada para instrumentos do tipo: "five-year-plan", "budget", "break-even-point", "marketing plan", "trainning & development", "administração de overbooking" e outros estudos importantes.

A comoção é geral no meio da pirâmide. As consultas médicas aumentam. A pressão arterial das chefias intermediárias aumenta, o pessoal todo com os olhos vermelhos de insônia, ficam até mais tarde e ainda levam trabalho para casa, não têm prazer sexual nem mesmo com viagra – entram na fase hidráulica – começam a ficar com gagueira, vista trêmula, bebem, se drogam, e outros sintomas de inadequação com trabalho desenvolvido. Fortes candidatos a enfarte ou derrame! Tudo isso porque o hoteleiro não colocou mão-de-obra qualificada na base da pirâmide, porque não deu oportunidade de desenvolvimento de pessoal para promover apenas os que têm potencial! Uma última recomendação: quando promovê-los dê assistência condigna para que possam gerir o *seu* empreendimento profissionalmente!

"J. W. Marriot, que fundou a Marriot Corporation em 1927, declarou que o sucesso nunca é definitivo: ele acreditava que é mais difícil manter-se no topo que chegar lá."

ALBRECHT (1994)

Bibliografia

ADAMS, S. *Corra, o controle de qualidade vem aí!* Rio de Janeiro. Ediouro, 1997

AGUAYO, R. *Dr. Deming: o americano que ensinou a qualidade aos japoneses.* Rio de Janeiro. Record, 1993.

ALBRECHT, K. *Programando o futuro*; São Paulo. Makron Books, 1994.

—— *A única coisa que importa: trazendo o poder do cliente para dentro de sua empresa.* São Paulo. Pioneira, 1995.

CAMPOS, VF. *TQC: Controle de Qualidade Total.* 5 ed. Rio de Janeiro. Bloch Editora, 1992.

CORTADA, JW. *TQM; Gerência de qualidade total.* São Paulo. Makron Books, 1994.

FEIGENBAUM, AV. *Controle de qualidade total.* São Paulo. Makron Books, 1994.

FLORES, P. *TQC: Controle de qualidade na hotelaria.* São Paulo. Apostila SENAC, 1995.

—— *Desenvolvimento Gerencial.* Santos. Apostila Unimonte, 1998.

—— *Planejamento de Sistemas Operacionais.* Santos. Apostila Unimonte, 1998.

—— *Administração de Hospedagem.* São Paulo. Apostila Unip/Unimarco, 1998.

GOLEMAN, D. *Inteligência Emocional.* Rio de Janeiro. Objetiva, 1995.

HOLLAND, NA. *O modelo POQ: a administração participativa a caminho da qualidade.* Rio de Janeiro. Qualitymark, 1993.

ISHIKAWA, K. *Controle de qualidade total: à maneira japonesa.* Rio de Janeiro. Campus, 1997.

JURAN, JM. *Controle de qualidade.* São Paulo. Makron, McGraw-Hill, 1991.

LAROUSSE. *Grande Enciclopédia.* São Paulo. Círculo do Livro, 1988.

MILLS, C. *A auditoria da qualidade: uma ferramenta para avaliação constante e sistemática da manutenção da qualidade.* São Paulo. Makron Books, 1994.

MILLS, DQ. *Empowerment: um imperativo: 6 passos para estabelecer uma organização de alto desempenho.* Rio de Janeiro. Campus, 1996.

MORA, JF. *Dicionário de Filosofia.* Lisboa. Codex Portugal, 1991.

RUSS, J. *Dicionário de Filosofia.* São Paulo. Scipione, 1994.

TORRES, NA. *Competitividade empresarial com tecnologia de informação.* São Paulo. Makron Books, 1995.

WALTON, M. *Método Deming na prática.* Rio de Janeiro. Campus, 1992.

Capítulo 5

CONCLUSÃO

Compreende-se e explica-se racionalmente porque muitas empresas turísticas funcionam dentro de um padrão de desempenho, ousam e inovam constantemente enquanto outras fecham as portas em um curto espaço de tempo. A preocupação com desempenho é um enigma que se situa entre o investimento de capital e o desenvolvimento tecnológico do ser humano. Os que estão transformando seus quadros funcionais em verdadeiros campeões de desempenho estão tendo sucesso e crescendo de modo fenomenal, pois a consumação de uma viagem vem carregada de forte componente emocional.

> *"Procure se tornar uma pessoa que não seja sempre necessário estar presente na companhia, mas indispensável à vida da companhia."*
>
> ISHIKAWA (1997)

Com esta nova abordagem, os hoteleiros devem tratar seus empregados de forma adulta e respeitosa, aliás, tratá-los como *parceiros* de empreitada, em que a dignidade e o respeito fazem com que sejam convertidos em fonte primária de produtividade. Os hoteleiros e agentes de turismo, a cada dia que passa, estão descobrindo vantagens em manter em seus quadros funcionais um contingente respeitável da população formada em Hotelaria & Turismo. Estes profissionais podem assessorar os donos do capital de modo prático e determinístico.

Tente, comece dando estágio curricular aos melhores alunos das universidades. Desenvolva um programa de "Trainee" de Gerência fazendo com que todos passem por todas as áreas do hotel em sistema de rodízio. Com tal atitude, o hoteleiro estará desenvolvendo um quadro funcional com mentalidade global de sua empresa. Não deve esquecer que os universitários saem dos bancos escolares informados. A formação eles obterão nos estágios, rodízios de cargos em função das atividades que desenvolverem em função das oportunidades que as empresas turísticas proporcionarem para o seu desenvolvimento.

Por outro lado, os hoteleiros devem analisar currículos escolares e sugerir adaptações à realidade de seus empreendimentos ou de sua região. Estabeleçer desafios aos estudantes para que cresçam intelectualmente e dêem retorno ao seu empreendimento. Alguns podem pensar que os universitários convivendo com os componentes do seu quadro de pessoal sem um preparo adequado, poderão sofrer choques de enfoque e opiniões. Oriente-os e coordene-os. Não abra mão de ter pessoal de nível na sua empresa. Estimule e incentive seus funcionários a se formarem em Hotelaria & Turismo. Dê bolsas de estudos aos melhores empregados. Só promova os que, paralelo ao tempo de casa, também, se desenvolverem intelectualmente. Crie cursos internos voltados para a sua realidade. Não despreze a tecnologia, a informação e a comunicação pois são barreiras que podem destruir sua empresa. Crie planos de carreira nos quais a formação acadêmica em Hotelaria, Turismo & Idiomas seja pré-requisito essencial para ingresso e crescimento na sua empresa.

Tudo isso está sendo exigido do quadro funcional, mas não se esqueça de remunerá-lo de modo competitivo dentro do seu segmento de mercado e das empresas-tipo de acordo com a economia da sua região, para evitar evasão ou desestímulo dos candidatos, que poderão abandonar sua região, pois a carreira de turismo é universal.

Investir em recursos humanos está aparecendo como obsessão mundial dos países que querem embarcar nesta nova fonte de recursos financeiros, dentro das tendências básicas da globalização. As empresas turísticas devem se engajar para detectar falhas emergenciais de desempenho e interpretar adequadamente o meio ambiente para obter vantagens competitivas. Devem entender que seus produtos são preparados, servidos ou atendidos por pessoas subordinadas a uma administração superior que deve decidir quais os reais objetivos da organização e procedimentos que estarão constantemente auditados e pesquisados por *analistas* externos sejam eles clientes ou concorrentes. Não pode ser esquecida a adequação da organização para explorar e entender a cultura local e interpretá-la de como ela pode interferir na missão e organização do hotel.

> *"Uma pessoa que não consegue administrar seus subordinados não é competente como ele imagina ser. Quando ele conseguir, também, gestir seus superiores, então, poderá ser chamado de uma pessoa perfeita."*
>
> ISHIKAWA (1997)

As exigências de flexibilidade, agilidade, cortesia e amabilidade impostas pelo mercado, só serão atingidas se o quadro de parceiros for composto por pessoas competentes e motivadas. A situação brasileira – em especial – é muito delicada e emergente, pois a recessão de mercado exigiu, por muitos anos, quadros funcionais enxutos e eficazes. Nota-se que muitas empresas do segmento turístico aumentaram sua demanda, mantendo o mesmo quadro funcional, e o que a princípio aparecia como otimização, com o decorrer do tempo, começou a significar baixa na qualidade dos serviços prestados e evasão dos empregados para outros segmentos de mercado, em função do desgaste físico-mental e da falta de perspectivas futuras.

Valorizar o ser humano em primeiro lugar – pode ser a grande diferença entre o sucesso e a falência. Se os empresários do setor explorarem o turismo de modo agressivo, harmônico, integrado com os governos municipais, não se tem dúvida de que o retorno virá rápido e com efeito multiplicador, pois quem veio a sua cidade ou hotel e gostou do tratamenato, divulgará esta experiência positiva para outros do mesmo ciclo de amizade, ou seja, o processo turístico entra em um processo espiral e não pára nunca. Associe a idéia de prazer ao seu produto ou serviço e observe que, quando o turista retornar e encontrar alguma novidade, sentir-se-á ainda mais entusiasmado.

"O consumidor é o rei.
Mas não esqueça que muitos reis são cegos."
ISHIKAWA (1997)

Exportem as paisagens, a cultura, a música, as festas brasileiras, convidem com muito carinho e insistência o mundo inteiro para vir conhecer este país que está se solidificando no caminho de ser uma potência mundial. Recebam os turistas com muito amor, dedicação, cortesia e amabilidade, prestem a eles serviços de alto nível e prepare-se para receber o retorno social e financeiro que tanto esperaram. Do ponto de vista de ISHIKAWA (1997):

"Quando todos os novos produtos/serviços da companhia forem bem-sucedidos e os consumidores disserem que podemos comprar seus produtos e serviços prazeirozamente e com credibilidade, então o controle de qualidade da empresa terá atingido a sua maturidade."

O mercado está a caminho de um amadurecimento. Os planos de marketing devem refletir as diferenças setoriais, as sazonalidades dos segmentos de mercado, e – principalmente – refletir as necessidades de demonstrar competência internacional, com recursos técnicos de última geração para operar em economia de escala e mão-de-obra capacitada dentro dos mais exigentes princípios de qualidade. Repense o seu empreendimento hoteleiro em função do que ocorreu em 11 de setembro de 2001 nos Estados Unidos, com reflexos na economia mundial. A queda das torres do World Trade Center em New York mudaram as posturas políticas, econômicas e sociais de todo o mundo. Se bem trabalhadas, podem significar uma vantagem competitiva para o Brasil. Mas, muitas empresas não suportarão as pressões comerciais e vão morrer nesta competição internacional.

Cresça, desenvolva a sua empresa turística, tenha resultados nunca antes alcançados, invista no *ser humano!*

Capítulo 6

COMENTÁRIOS FINAIS

O Anexo que segue foi incorporado à minha Dissertação de Mestrado, em função do meu orientador – Prof. Dr. Jacques Vigneron – solicitar meu Currículo comentando sobre minha vida profissional.

Achei muito difícil e sem graça ficar enumerando datas, empresas e trabalhos desenvolvidos. Achei que seria mais dinâmico se incorporasse fatos e pessoas que marcaram minha vida pessoal e profissional, as dificuldades encontradas e superadas, os sucessos alcançados em função das decisões certas e erradas que tomei na minha vida, frente às mudanças econômicas ocorridas.

As coisas não acontecem nas nossas vidas por acaso, tudo tem um fundamento. Mesmo que, no momento, não entendamos os porquês.

De uma coisa tenho certeza: por trás de tudo que fazemos, existe sempre um plano superior nos orientando!

Este trabalho foi elaborado para ser divulgado – principalmente – nos meios Universitário e Empresarial, principalmente para pequenos e médios hoteleiros e agentes de viagens, que compõem o grande contigente de oferta do mercado turístico.

Muitas vezes nos desesperamos pelos percalços que acontecem na nossa vida e na vida de nossos familiares.

Todos estamos vulneráveis e sujeitos às mudanças políticas.

A vida é uma viagem que fazemos, sem saber o que vamos encontrar pela frente, muito menos se vamos chegar ao destino pretendido e nem de que modo estaremos quando lá chegarmos!

Espero que os fatos descritos possam passar um pouco da persistência, paciência, fé e perseverança que me ajudaram na vida, a fim de que os leitores possam refletir sobre suas vocações e colocá-las em prática com paciência e no momento certo. Saber esperar é uma arte, um dom.

Nas Universidades ensinamos técnicas de gerenciar, controlar e dirigir empresas, mas as posições de Gerentes ou Diretores, serão conquistadas individualmente, com muito determinismo e perspicácia.

O mercado de trabalho exige muito mais que os conhecimentos que são repassados nos bancos escolares. A atualização tem de ser constante.

Reduzir a marcha ou parar, significa ficar para trás, defasado, superado, fora da realidade.

Não basta dominarmos as teorias para termos bons conceitos escolares. O mais importante é saber usá-las e adaptá-las à realidade de cada empreendimento que formos planejar. Se nossas posturas forem bem-trabalhadas, redundarão em sucesso empresarial. Recebam esta pequena contribuição, como subsídio para constatar que, na vida, a única coisa que temos como certa é a *mudança* e que ela está ocorrendo a todo momento.

Sejam agentes da mudança, não esperem que os outros façam primeiro!

Não conseguiremos parar a evolução do conhecimento humano; se não nos adequarmos perfeitamente às exigências do mercado, ficaremos desatualizados, seremos expulsos sem dó nem piedade.

Evoluam, acreditem nas suas idéias, ousem sempre e comprovem que com trabalho árduo e contínuo, o sucesso pessoal e profissional é uma questão de tempo!

Anexo

UMA HISTÓRIA DE VIDA...

O que fazer na vida para torná-la mais fluida e aprazível? E as dificuldades encontradas no percurso, como superá-las? Certa vez, estava trabalhando no Hotel Tropical de Manaus e, em um dia de folga, dei um passeio de barco com os colegas Nestor, Stain e outros hóspedes até o "lodge" Hotel Ariaú. Assim que o barco começou a atracar no píer, uma grande quantidade de macaquinhos invadiu o nosso barco e começou a fazer estripulias com os turistas e assim seguiram de carona até o final da atracação. Mas alguns macaquinhos, na hora em que o barco passou, ficaram com medo de pular e continuaram agarrados nas pontas dos galhos aguardando uma nova embarcação.

Naquele momento, refleti que a nossa vida tem semelhante analogia. Todos nos encontramos na ponta de galhos de árvores, aguardando um barco ou um cipó que se movimente no meio da mata em nossa direção, ou que o vento traga um outro galho de outra árvore maior para que possamos trocar de lugar e continuar a andança pela nossa vida.

Mas muitos têm medo do desconhecido e continuam parados aguardando novas oportunidades. Rejeitam um emprego por que paga pouco, rejeitam outro por que têm de trabalhar nos finais de semana, não aceitam um terceiro porque têm de mudar de cidade ou viajar diariamente. E assim vão passando pela vida sem vivê-la, resmungando do seu infortúnio, dando desculpas das mais diversas para justificar sua inércia. Tudo os amedronta. Tudo que ameace o seu estado de equilíbrio atual é visto com desconfiança. Está tudo errado. Nada é perfeito ou os agrada. O desconhecido vira um fantasma, um monstro, uma coisa do outro mundo, mas o que ocorre na prática é o medo de se expor, medo de errar, medo – pasmem – de acertar!

Do mesmo modo que o macaquinho ficou na ponta do galho e não pulou quando o barco passou, muitas pessoas ficam a vida toda esperando uma nova e melhor oportunidade. Mas existem momentos em que a vida nos proporciona uma única chance de realização pessoal e profissional e nós a desprezamos. E esta chance poderia ser a única salvação de toda a nossa vida!

Ter medo do quê? Se você permanecer na situação atual o medo do fracasso não desaparecerá. Se aceitar um desafio, o medo do desconhecido o acompanhará. Medo por medo, fique com medo lá na frente. Tente! O pior que pode acontecer é de uma empreitada não dar certo. Mas continue tentando porque outra sairá correta. Se não der certo, pelo menos você terá a tranqüilidade íntima de que: *"Eu tentei"*. Só podemos nos arrepender daquilo que fazemos.

A vida nos prega algumas peças de vez em quando e isso não deve nos colocar em estado de aflição, pois viver é assim mesmo. Continue tentando pois um dia outro barco aparecerá na sua frente e você, com coragem, sairá deste estado de estagnação e irá – tenho a certeza – rumo à vitória. Espero que os fatos que serão descrito a partir do próximo parágrafo, possam lhe ajudar e observar que na vida o mais importante é vivê-la, cada dia, intensamente. De quantas coisas nos arrependemos logo após agirmos de modo inadequado? *Por quê fui fazer isso*, nos perguntamos? *E agora quais serão as conseqüências da minha atitude?* Mas a vida nos prepara emoções jamais imaginadas. Se soubéssemos de antemão o que iríamos passar, nos desesperaríamos. Portanto, viva a sua vida intensamente. Dia após dia. E tenha convicção, o dia de amanhã Deus proverá! Melhor do que você imagina!

Santista de nascimento, comecei a trabalhar aos 14 anos de idade no Banco Faro S/A (1962) e tive a felicidade de aprender finanças e administração com meu pai, Mário Ozores Flores (*in memoriam*), meu primeiro professor, primeiro gerente, que teve a paciência de ensinar-me todas as operações bancárias com suas particularidades e pormenores, além do modo de gerenciar um setor de trabalho, e, principalmente, como lidar com os clientes. Esta fase foi primordial na minha vida profissional, pois despertou em mim o interesse pela linguagem organizacional, o que tem sido até hoje ponto-chave de evolução da minha carreira. Nesta época, meu avô Antônio Ozores Flores ainda era vivo e gerenciava a Casa Faro – Turismo e Câmbio na Rua Augusto Severo em Santos.

Quando estava cursando o 2º científico do I.E. Canadá, em Santos, para seguir a carreira médica, percebi que não gostava das matérias fundamentais para medicina: biologia, química e física, não gostava – como até hoje – de falar de doenças, não gostava de gemidos e de lamentações e muito menos de remédios. Que profissional de saúde seria eu? Naquela época não existiam muitas opções de carreira como hoje. Seguia-se o Magistério, Direito, Engenharia ou Medicina. Em função desta dúvida, submeti-me a um instrumento de avaliação vocacional no qual ficou demonstrado que o meu interesse profissional era mais para atividades de cunho generalista e administrativo e aquilo que eu gostava mesmo era o *hospital* e não a *medicina*, ou seja, a minha tendência era para a área organizacional administrativa ou para empresas ligadas à prestação de serviços, como hotéis, hospitais, bancos.

Não tive mais dúvidas, abandonei o curso científico e matriculei-me no Colégio Tarqüínio Silva no 1º Curso Técnico de Administração de Santos. Por esta atitude fui muito contestado: *Este rapaz está louco, desperdiçar dois anos de estudos, trocar medicina por administração, está parecendo caranguejo andando para trás...* e outros comentários semelhantes. Iniciadas as aulas, por já ter convivido com meu avô na Casa Faro – Turismo e Câmbio, continuei a interessar-me pelas atividades turísticas através de um grande amigo, colega de classe, Francisco Antônio Martins Diniz, ligado à área de agência de turismo, e comecei a tomar mais gosto ainda pelo assunto. Por outro lado, pela primeira vez na minha vida, o que os professores falavam em sala de aula caía como luva na minha mente pois me sentia bem ouvindo o desenrolar das matérias expostas em salas de aula. Quando estava fazendo o estágio de Administração Hospitalar na Santa Casa de Misericórdia de Santos, convenci-me que não tinha nada a ver com medicina. Não teria sucesso como médico. Quantos pacientes poderia ter prejudicado ou até matado?

Ao assistir às aulas do curso de Administração, memorizava cada palavra ou conceito exposto e, no dia seguinte os aplicava no meu trabalho. A essa altura estava com 19 anos e trabalhava no Citibank de Santos, quando voltava para a aula, no dia seguinte, estava com a matéria sedimentada e experimentada em um ambiente de trabalho, com as teorias aprendidas testadas em uma massa real de dados. Pela primeira vez na minha vida levei cartões de Honra ao Mérito e Medalhas de Ouro para casa! Quase matei os meus pais de susto! Nesta fase da minha vida, tive outro excelente instrutor, Antônio Cereto, que foi meu supervisor no Citibank (1967) e que me deu oportunidade de crescer dentro da escala hierárquica, a quem agradeço neste momento.

Só que para subir de cargo no Citibank deveria me mudar para São Paulo (1969) para integrar a equipe de Análise de Produção e Custos, em formação, onde tive o prazer de conviver e aprender com outro excelente profissional, Donald Paynter, que ensinou a toda a nossa equipe de trabalho o que havia de mais atual no mundo em termos de organização, custos e finanças. A nossa amizade extrapolou os limites do trabalho que, quando me casei com Nair, tivemos o prazer de tê-lo como padrinho. Nenhum subordinado o considerava um superior, mas sim um amigo. Paynter, onde você estiver, muito obrigado por tudo, valeu o esforço!

Avisei a meus pais para não se preocuparem, pois ia me ausentar de Santos por apenas seis meses. Nesta altura dos acontecimentos meus primos Lyres e José Feliciano (*in memoriam*) quando nem imaginavam o que a vida lhes tinha preparado, acolheram-me com todo o carinho na casa deles em São Paulo, junto de seus filhos José Luiz, Mércia, Giseli e Dalva. Pretendia retornar depois de 6 meses a Santos, só que a realidade foi outra. Voltei depois de 25 anos, casado com 3 filhos!

Nesta época, tive a oportunidade de, pela primeira vez, ter contato com Treinamento Operacional, formando as equipes de Analistas de Produção e de Custos para todas a filiais do Citibank no Brasil. Foi uma empreitada difícil, pois não se constituía de apenas usar o binômio ensinar-aprender, mas de formar uma elite de profissionais que voltaria para as suas filiais e implantaria todo o sistema aprendido a fim de orientar as gerências na tomada de decisões mercadológicas. Lembro com saudades dos colegas daquela época: Marcelo Novaes Leite, Antônio Carlos Câmara, Celso Mirala, Roberto A. de Athayde, José Carlos Carmo Guimarães, Ernesto Toshio Ando, Rogério Leite, Wladimir Kapustin, Luiz Mantovani, Ricardo Curado, Mario Carlos Praxedes, Maria Aparecida Guimarães, Paulo Boveri, Oscar Motomura, Vicente, o *fantástico* Marcelo Mariaca, Geraldo Peliks, Henrique Costábile, Arnaldo Simões, Terezinha Caiasso, Luiz Roberto Paiosin, Nakazone, Carlos Iwamoto, Mieko, Otília, Edson, Macedo, José Augusto, Jatobá e Lúcio do Rio de Janeiro, Alcyr e Scandiuzi de Campinas, Sebastião Ferreira da Silva de Salvador, Raul Agondi, Acácio Conceição, Nelson de Almeida, Vicente, Stuki, Décio, Tércio, Luiz Antonio, Dorsy, Bento Ricardo C. de Pinho, Olavo Naldinho de Santos e tantos outros que à memória me falha. A essa altura fui promovido a Supervisor da Equipe de Análise de Custos em São Paulo.

Terminando, em 1969, o Curso Técnico de Administração em Santos, junto com amigos como Flávio Cheida Mota, Marcelo Marques da Rocha, Fernando Manuel Ferreira Gomes dos Reis, Fernando Scaramuza, Carlos Bastos, Hamilton de Queiróz Godoi, José Reynaldo Flores Pierre, *Irmão* Marcílio, Francisco Diniz, estava trabalhando no Citibank São Paulo, quando recebi o convite para implantar e supervisionar a área de Análise de Custos da Filial Rio de Janeiro. Nova mudança de vida! Deixei os passeios de final de semana com amigos como Ibraim Cury, Julio Cesar Calligiuri Filho, Pierre, Ednilson Wisbeck e aproveite a oportunidade para perguntar a minha morena, na época, de olhos verdes se aceitava me acompanhar por toda a vida. Ela aceitou o desafio.

Casei-me em 08 de julho de 1971 com Nair – uma santista sensacional – que começou a me acompanhar por todos os lugares que a minha vida profissional exigia, dando-me forças e somando esforços para constituir uma vida em comum, digna e pronta para ir para onde Deus nos mandasse. Foi uma época de muitas orações com Marcia e Haroldo Florez (*in memoriam*) e que até hoje temos saudades. Casamos na AABB de Santos e foi nesse dia que me lembrei de que não tinha pedido *a mão* de minha mulher para a minha sogra Julieta Soares Ferreira. Ela me perdoou e tudo acabou – não em pizza – com uma bela festa preparada pelos meus primos do Buffet Odila, onde Antônio Cabral, Odete e Odila Naldinho, esmeraram-se – como de costume – no cerimonial do evento. Até os dias de hoje, chova ou faça sol, ganho forças quando os observo, saindo bem cedo e chegando tarde da noite - pois continuam a trabalhar com o mesmo entusiasmo, com a mesma garra e determinação, preparando festas que marcam as famílias da sociedade santista.

Como não poderia deixar de ser, a minha vida de casado começou na lua-de-mel – como se denominava naquela época de vestidos de noivas brancos – em uma suite do Hotel Ca d'oro da Rua Avanhandava em São Paulo. Fomos tratados e servidos por todos, com muita cortesia e amabilidade. Os excelentes serviços recebidos, marcaram aquele momento tão importante do início da nossas vidas em comum. No retorno da viagem, que começou em Recife, no Hotel Boa Viagem, e terminou em Salvador, no Hotel da Bahia, onde fomos também tratados e servidos de modo excepcional, recebi nova promoção, desta vez para o cargo de Assessor de Planejamento na vice-presidência do Citibank (Senof – Senior Office) no Rio de Janeiro.

Casado, apartamento montado em Copacabana, comecei a freqüentar, em 1971, o curso de Administração de Empresas da Faculdade Cândido Mendes (Praça XV, Rio de Janeiro) onde continuei a aprimorar os meus conhecimentos. Em novembro de 2000, tive a oportunidade de retornar ao *Campus* onde estudei e encontrei tudo diferente. O prédio tombado continuava o mesmo, só que no lugar da minha sala, construíram um enorme edifício, majestoso e imponente. Que susto! Mesmo assim as lembranças daquele período da minha vida vieram-me à tona e senti muita emoção por retornar a circular por seus corredores, salas de aulas, biblioteca, pátios.

Estava adaptado com a vida no meio dos cariocas, quando fui transferido novamente para o Citibank São Paulo (1972) para trabalhar na área de Sistemas. Outra mudança de vida! Novos hábitos, novas amizades, novos costumes e também, nova escola: FMU – Faculdades Metropolitanas Unidas. O tempo foi passando e no 2º semestre de 1974, fiquei sabendo por meio de amigos e colegas da FMU, José Hilário Sammarone Jr. e Américo Sammarone (*in memoriam*) a este que foi um entusiasta da hotelaria e que tão cedo Deus nos privou da sua presença, que na Faculdade Morumbi (que na época ainda não era Anhembi-Morumbi e localizava-se no Real Parque, São Paulo dirigida pelo Prof. Dr. Gabriel Mário Rodrigues), estava acontecendo o 1º Curso de Administração de Hotéis e Restaurantes do Brasil em nível de Especialização Universitária.

Os hoteleiros brasileiros estavam muito preocupados em função das redes hoteleiras internacionais estarem chegando ao Brasil: Hilton em São Paulo e Sheraton no Rio. Quem fazia parte do corpo docente e estava na coordenação do curso, era Adalberto Rosas, nosso professor de Marketing na FMU. Zeca e Ameriquito, numa conversa, notaram que o Prof. Adalberto estava sentindo falta de uma matéria que se harmonizasse com todas as demais e que desse uma idéia de unidade e integração ao curso. Como sabiam do meu trabalho de Coordenador de Projetos na Divisão de Sistemas e Automação do Citibank, indicaram-me para uma entrevista de avaliação.

Senti, logo no início da entrevista, que faltava ao curso uma abordagem organizacional, que analisasse o hotel por sistemas e não por departamentos, pois os hoteleiros brasileiros se questionavam: *O que as multinacionais trazem de novidade ao se implanta-*

rem em um país? Como trabalhava no Citibank, sabia que, *o padrão e a qualidade dos serviços prestados, a organização direcionada para satisfação total dos clientes em termos mundiais, treinamento & desenvolvimento de pessoal, operações consolidadas em manuais operacionais* eram palavras-chave para o sucesso organizacional do banco. Notei, também, que, na época, tais assuntos eram pouco difundidos nas empresas brasileiras, principalmente nas do segmento hoteleiro.

Com o propósito de avaliar-me o Prof. Adalberto questionou: *Muito bem, você domina a abordagem sistêmica organizacional, mas, você conhece um hotel por dentro?* Fiquei engasgado, mas fui honesto e sincero: *Não conheço um hotel por dentro professor, mas nos últimos 9 anos tenho feito viagens constantes por todo o Brasil implantando sistemas nas filiais do Citibank de Porto Alegre a Recife, além de ter morado por um ano no Hotel Luxor Regente em Copacabana. Por esses motivos, sei muito bem aquilo que me desagrada como hóspede.* Foi daí que surgiu a idéia de criar e incluir a matéria de Organização & Métodos com abordagem de Planejamento de Sistemas Operacionais no currículo, organizando o hotel não apenas ao gosto do hoteleiro, mas levando muito em consideração os desejos e aspirações dos hóspedes.

Como não tinha experiência hoteleira, comecei a fazer o curso de Administração de Hotéis e Restaurantes junto com os proprietários e gerentes dos hotéis de São Paulo. Para suprir a minha falta de conhecimento, comecei a estagiar na cozinha do SENAC na Av. Tiradentes (já que o curso tinha o patrocínio da Faculdade de Turismo Morumbi, do SENAC/Prodemp – Programa de Desenvolvimento Empresarial, ABIH – Associação Brasileira da Indústria de Hotéis, Sindicato de Hotéis e Similares de São Paulo e Secretaria dos Negócios do Turismo do Município de São Paulo.

Li, com muito senso crítico, as apostilas mimeografadas que tinham vindo da Espanha. Cheguei a conclusão de que, naquela época, não poderia me basear nelas, pois tinham sido redigidas para uma realidade européia de clima, equipamentos e perfil de hóspedes. Naquele momento, recebi ajuda excepcional de Cyrillo, proprietário do Hotel Ilha Bela e de Nelson Abramovai. Todos dois muito contribuíram para o desenvolvimento do conteúdo programático da minha disciplina. Obrigado. Comecei a devorar as aulas dos Professores Archimedes G. Gutilla – que em maio de 1998 Deus nos privou da sua companhia –, J.Correa Lima, Vera Lúcia Simão, Joandre A. Ferraz, Hadia Nader, Paulina Lerner, Jonas Juliani Oliva, Osvaldo Paulino Filho – sob a coordenação pedagógica de Marisa Canton – para formar, na minha mente, uma concepção mais precisa da matéria que estava preparando.

Após três meses de aulas, estágios, leituras especializadas, analogias e adaptações de princípios de administração, chegou o dia "D" de começar a ministrar o meu módulo. Levantei-me na sala de aula (onde era aluno) e comecei a expor a minha matéria para aquela platéia tão seleta do segmento hoteleiro paulista. As minhas pernas tremiam como vara verde. A voz quase não saía, embargada. Um calor forte subiu por todo o meu corpo, mas respirei fundo, pensei em Deus e na minha família, enchi os pulmões e botei para fora toda aquela ansiedade de 3 meses. Ao final da minha primeira pretensão de aula, notei que o assunto tinha agradado, suspirei aliviado; apaixonei-me pelo assunto e a partir daí comecei a sofrer um processo de degradação: os meus cabelos, antes fartos e escuros, passaram a rarear, os que não caíam começaram a ficar brancos!

As aulas continuaram a ocorrer de modo normal, aulas teóricas no início da semana e aulas práticas às sextas-feiras, ou seja, fazíamos visitas técnicas aos hotéis dos próprios alunos. Dividíamos a classe em equipes. Cada equipe avaliava um setor do hotel do colega de sala de aula. Os integrantes das equipes faziam relatórios de críticas e sugestões, que eram entregues no final da visita ao colega anfitrião. Como nesse país tudo termina em pizza não é de hoje, o aluno anfitrião dava um jantar de confraternização para marcar o evento. Estas aulas práticas, que eram registradas no Diário de Classe com o título de *Laboratório de Sistemas*, passaram a ser carinhosamente chamadas – pelos alunos da classe – de aulas de *espionagem industrial.* Naquela sala de aulas foram ouvidos e pesquisados vocábulos que marcariam época: Holiday-Inn, PlayCenter, Hippoppotamus, Moustache, Papagaio's, Eduardo's, Hotel-condomínio (hoje "flats"), União de Hotéis, Central de Reservas pelo sistema "Free-Sale", Central de Compras, Central de Treinamento, etc.

Dava aulas de hotelaria à noite, mas continuava o meu trabalho no Citibank da Praça Antônio Prado, onde atualmente é a Bolsa Mercantil de Futuros, pois me sentia muito bem participando da equipe que estava transformando um banco "Corporate", cuja atenção era centrada nas contas de empresas, em um banco "Personal", diversificando o mercado ampliando as contas de pessoas físicas. A essa altura, estávamos organizando o Citicard, o primeiro Cartão de Crédito do Brasil, novidade na época, desenvolvendo o Sistema de Recursos Humanos dentro de um ambiente computadorizado, isto nos primórdios da computação no Brasil, corretora de seguros, incentivos fiscais e outros projetos de interesse do banco.

Após a colação de grau, em 1975, no Centro de Convenções do Anhembi, já com a minha filha Daniela com dois anos de idade – geralmente sem sapatos – dando um baile em meu pai, pois fazia estripulias pela platéia e Adriana dando suas remexidas no ventre da mãe - repensei novamente a minha vida. Trabalhava todo o dia no Citibank, dava aulas à noite na Faculdade de Turismo Morumbi e viajava nos finais de semana para dar treinamento em hotéis. Com toda essa carga, o meu organismo não estava suportando. A cabeça 100%, em termos de realização profissional, só que o físico comprometido, estafado!

Nessa época ocorreu o incêndio do Edifício Joelma, local onde estava trabalhando temporariamente em função de a Crefisul estar associada ao Citibank. Por plano de Deus, naquele dia fatídico, perdi a hora! O trânsito estava um caos naquela manhã. Transitava pela Haddock Lobo muito lentamente, quando terminou a fita do gravador do rádio do meu carro. Entrou a locução do repórter da rádio, avisando aos motoristas que não se dirigissem para a Praça da Bandeira, em função do incêndio que estava ocorrendo naquele instante no Edifício Joelma. Senti um calafrio por todo o corpo! Naquele momento, senti-me preocupado, triste, assustado mas aliviado por não estar envolvido naquela tragédia que emocionou toda São Paulo, todo o Brasil; o mundo ficou sabendo deste acontecimento. Agradeci a Deus – dentro do meu carro – pelo livramento e comecei a pedir, incessantemente, que guardasse meus companheiros de trabalho.

Indo a pé até o local, vi amigos como William B. Willians atirarem-se dos últimos andares, projetando-se no espaço (23º ou 24º andar) com as roupas em chamas, gritando de desespero, estatelando-se no chão. Bombeiros içando e salvando vidas, através de cabo de aço e roldanas que se projetavam pela Av. 9 de Julho. Helicópteros subindo e descendo do topo do edifício, enquanto as labaredas permitiram. As telhas do Joelma tornaram-se chapas que tostavam os que lá se encontravam, pessoas desesperadas jogando-se no ar e algumas sendo aparadas pelos Bombeiros. Elevadores apinhados de vítimas pois a energia foi cortada, ao serem abertas as suas portas 17, 18, 20 pessoas presas, mortas, carbonizadas... Que desespero! Aproveito a oportunidade para elogiar – uma vez mais – a dedicação, o civismo e o amor ao próximo, demonstrado, não só pelos batalhões de Bombeiros e equipes hospitalares, mas por todos que, dentro das suas possibilidades, ajudaram a minimizar os estragos feitos pelo fogo. Este episódio marcou muito a minha vida e até hoje, quando lembro, me emociono, me comovo. Perdi 188 colegas naquela catástrofe. Seriam 189!

Este acontecimento deu ensejo a uma revisão no Código de Obras, que não contemplavam – na época – com a devida atenção o fator segurança. Até hoje, dou uma importância muito grande aos aspectos de segurança, desde o projeto, construção e operação dos serviços hoteleiros. Foi mais um fator para ser levado em conta para o próximo passo da minha vida profissional. Decidi, então, abrir uma empresa de consultoria. Saí do Citibank e montei, em 1975, em Santos, com meu irmão Marcio Ozores Flores, a PLANNING – Planejamento de Empresas, pois achávamos que, ele advogado e eu administrador, além de podermos contar com a ajuda de meu pai que já estava aposentado, poderíamos ter sucesso empresarial.

Comecei a me dedicar exclusivamente à hotelaria, quando surgiu o convite para fazer uma palestra sobre organização de hotéis no XXI Congresso Nacional da ABIH – Associação Brasileira da Indústria de Hotéis com sede no Hotel Marambáia no Balneário de Camboriú, SC. Nessa época era Assessor de Planejamento da ABIH-São Paulo na gestão de Archimedes Geraldo Gutilla. Passei o meu recado aos hoteleiros e, ao descer do palco, fui abordado por dois empresários paranaenses proprietários do recém inaugurado Hotel Del Rey – na Rua das Flores em Curitiba, Srs. Omar Fatucchi e Potiguara Leal (a quem agradeço neste momento), pois confiaram na proposta de organização que apresentei no congresso e deram-me a primeira oportunidade de mostrar o meu trabalho de organização e treinamento de modo mais amplo. O Sr. Omar com toda a sua vivência empresarial, muito contribuiu para o desenvolvimento dos projetos. No desenrolar dos trabalhos, o Sr. Potiguara (*in memoriam*), quando percebia que alguma dificuldade se apresentava, vinha até a sala onde trabalhava com Vitor Correa e contava algum caso pitoresco de políticos, seu tema preferido de anedotas, para descontrair o ambiente e dizia uma frase que até hoje me dá forças e coragem: *Dr. Paulo, não devemos ficar preocupados quando as coisas vão mal, pois como conseqüência as coisas só podem ficar boas; preocupados devemos ficar quando tudo está correndo bem, pois as coisas só podem ficar mal.*

Após este momento importante, em 1975, outras empreitadas começaram a aparecer. Em Curitiba mesmo, surgiu a oportunidade de organizar – conforme os padrões da EMBRATUR – toda a parte arquitetônica do Braz Hotel; em parceria com a Megaton de Curitiba, com o grande apoio de Nelson e Salomão Pamplona e Embradata do Rio de Janeiro, organizamos o Sistema de Administração de Materiais da Riotur; em Curitiba, ainda, contribuí para a organização da UNITEL – União Nacional de Hotéis dirigida por Américo Santesteban. Em parceria com a Ampla – Assessoria, Marketing e Planejamento, participei da organização de 1º Flat-Service de Águas de Lindóia, o Hotel-Condomínio Cavalinho Branco e do Hotel Delphin no Guarujá, SP.

Mudanças no Governo Federal. Novo recesso econômico instalado. Dinheiro raro e caro. Viagens tornadas supérfluas. Hotéis com baixa taxa de ocupação. Clientela sumindo, dívidas aumentando. O futuro? A Deus pertence. Fechei, em 1977, o escritório que tinha com meu irmão. Novo trauma! Um projeto de anos de vida profissional tornou-se inviável em função de mais uma crise econômica. No dia em que desmontei o escritório, quando saiu a mudança e que vi a sede da minha empresa vazia, senti um mal-estar tão grande, uma dor tão forte em todo o corpo, que fui parar no pronto-socorro do Hospital Cid Peres em Santos. Senti o meu mundo ruir, tudo acabado! Marcio continuou no Banco do Brasil e eu comecei a pedir a Deus que me ajudasse a procurar outra atividade. Logo em seguida, Nair vem de uma consulta médica com a novidade: *Estou grávida!*

Enxugar as lágrima, tomar um copo de água para tirar o soluço e o engasgo e... começar tudo de novo! Recortar anúncios do Estado de São Paulo aos domingos, que por sinal também começaram a rarear, enviar as segundas-feiras, logo cedo, currículos para todo o Brasil, colecionar cartas agradecendo o envio dos currículos. Entrevistas minuciosas e demoradas, avaliações psicológicas, entrevistas técnicas, promessas: *"Volte semana que vem"... "Só falta aprovação da diretoria"... "Não temos vagas no momento"... "o seu currículo é muito bom, mas..."* e outros jargões típicos da área de Recrutamento de Pessoal. Oito meses se passaram. Desespero por não ter o que fazer, com tantos cursos, idioma estrangeiro, computação, com vivência relativa, com garra e determinação prontos para serem postos à prova e ninguém disposto a dar oportunidade. Lembrava-me sempre da frase do Sr. Potiguara!

Certo dia, desolado, para baixo, recebo um telefonema da Metal Leve S/A, uma das empresas que recebeu o meu currículo, marcando uma entrevista com Dr. Renato Hauptman sobre um emprego em uma subsidiária da Metal Leve em Salvador (BA), Maraú S/A – Agro-indústria e Comércio que estava precisando de um Gerente de Sistemas para organizar duas fazendas com plantio de maracujá e abacaxi: uma em Santo Amaro da Purificação e outra em Entre Rios, uma fábrica com extração e engarrafamento de sucos em Feira de Santana. Entrevista feita, acertos iniciais consolidados, dependendo apenas de entrevista com o Gerente Financeiro que viria de Salvador, Sr. Werner Cohn. Entrevistas interessantes, planos, projetos e a proposta oficial. A partir de outubro de 1977, comecei a ter Salvador como base administrativa, mas viajando pelas fazendas e fábrica para organizar as áreas operacionais e administrativas.

Novo desafio! Primeiro cultural, segundo climático, terceiro mudança de hábitos e de meio ambiente. Para quem trabalhava de terno e gravata, colocar calças jeans e botas, para quem andava de avião e automóvel leve e macio começar a guiar jipe no meio da lama, foi uma mudança louca! Para quem desenhava os sistemas em sala de ar condicionado, com computadores, secretárias e todo o conforto de uma empresa, vi-me, de um dia para o outro, com uma prancheta levantando dados dos sistemas em um banco de jipe debaixo de jaqueiras, cajueiros e mangueiras, tendo ao lado um cacho de bananas e um garrafão térmico com água gelada, um lenço cobrindo o nariz e a boca para não engolir mosquitos. Foi uma mudança enorme!

Nasceu, a essa altura dos acontecimentos, o meu terceiro filho, Paulo Silas Júnior, como um marco pondo fim àqueles 9 meses lutas e desesperos por falta de emprego. Cabe aqui um agradecimento especial ao Dr. Gercino Ramos, ginecologista e obstetra de minha mulher na cidade de Santos, pela sua compreensão e boa vontade nesta fase difícil da nossa vida. Oramos sempre por ele e sua família, em função da terrível doença que está sofrendo. Pela sua benignidade, Deus, com toda a certeza, lhe dará um final digno. Quando chegou a festa de final de ano na Maraú, o contraste foi grande. No ano anterior a festa em um hotel 5 estrelas, com serviço à francesa e, no ano seguinte, comendo churrasco de carneiro debaixo de uma amendoeira, feliz da vida! Para um santista que achava que $500m^2$ era um terreno imenso, tinha agora como área de trabalho quase 4.500ha. Desafios imensos, superados por colegas como José Luiz Lopes Mendo, que não podia ouvir o Hino

Nacional sem se emocionar, Kleber, José Luiz Barbosa Dutra, Sérgio, Luiz Paulo Muricy entre tantos, que muito contribuíram para a adaptação deste homem de asfalto de nascença, para um homem de barro por opção. Outra boa recordação desta época foram os jantares de comidas típicas baianas, feitos com muita competência pela mãe e familiares do colega Rocha, que residia no Bairro de Nazaré em Salvador, os almoços na Fazenda Quatís, em Alagoinhas, elaborados pela família de Lauro Novís, os jantares na casa de Nena e Mendo, em Santo Amaro da Purificação, com Rita no colo, quando nem imaginava que aquela *miúda* seria hoteleira, degustando vinho com pão recheado de *aliança* e João Macias com a sua inseparável VEJA debaixo do braço.

Tudo ia dentro de uma certa rotina, quando se aproximou o final de ano de 1980. Férias canceladas em uma sexta-feira antecedente ao Natal e também cancelada a viagem para passar as férias com a família em Santos. Malas desfeitas, resmungos da garotada, inconformismo dos parentes em Santos. Na segunda-feira seguinte tive de acompanhar um agrônomo na inspeção da Fazenda Rocha e, quando subimos em uma das torres para observar de binóculo as frentes de trabalho, o ripão que sustentava a torre estava podre e, com o meu peso, cedeu e caí da torre. Vim batendo com a cabeça, fraturei várias costelas, pancadas por todo o corpo e cai em pé da altura de quatro lances de escada. Nesse acidente fraturei cinco vértebras da coluna na região lombar. Desespero geral!

Fui socorrido do modo mais inadequado possível: dois colegas me pegaram do chão projetando os meus braços em seus ombros e viajei cerca de 18km *sentado* no banco traseiro de uma perua Brasília, por uma estrada de terra, toda esburacada! Eu não gritava, eu urrava de dor! Clamava a misericórdia de Deus com todas as minhas forças! Pedia, desesperadamente a Deus que tivesse piedade de mim! O Hospital de Santo Amaro não dispunha de socorro para este tipo de acidente. Improvisaram uma rede com lençóis, pois não tinha posição e dois colegas me seguraram em seus ombros! Fizeram uma terapia de emergência e despacharam-me para o Hospital Português em Salvador. Foi duro fazer o motorista da

Ambulância perceber que, no meu caso, fazer um traslado seguro era andar devagar e sem solavancos, pois estava todo quebrado!

Em Salvador fiquei cerca de 4 horas dentro da ambulância na porta do Hospital Português, porque não tinha nenhum médico especialista em coluna no momento, para responsabilizar-se pelo meu socorro. Só Deus para me dar forças! Outra pessoa maravilhosa surgiu na minha vida. O amigo e colega de trabalho, o Agrônomo Lauro Novís, filho de Jorge Novís (*in memoriam*), na época, Secretário da Saúde, foi de grande valia para tranqüilizar a minha família e encontrar na Clínica da Coluna o Dr. Jaguaraci Silva. Fiquei 72 horas em observação. Todo quebrado e na minha mente só pensando em como iria sustentar minha mulher e três filhos pequenos? Como conviveria com as limitações do meu corpo? Se hoje estou vivo e perfeito, primeiramente devo graças ao Altíssimo e depois ao Dr. Jaguaracy por ter sido um instrumento nas mãos Dele para tirar-me daquela situação difícil e a presteza de Lauro Novís. Obrigado, sem vocês não estaria escrevendo estas linhas. Existiam três diagnósticos para o meu caso: primeiro a morte, segundo ficar tetraplégico e terceiro, o mais otimista, paralítico da cintura para baixo, para sempre em um cadeira de rodas!

Orações, muitas orações de toda a minha irmandade, a quem não canso de agradecer e de orar por eles também. A esta altura dos acontecimentos, estando ainda no Hospital Português em Salvador, recebo uma ligação de Santos do meu tio Alberto Wisbeck dizendo: "*Meu sobrinho, não temas, Deus é contigo. Todos estamos orando sem cessar por você*", solucei insistentemente, não saiu uma palavra da minha boca pela emoção, mas, até hoje me lembro da sua voz meiga me confortando e me encorajando, pois estava corcunda em um leito de hospital, aguardando providências divinas, mais uma vez! E as orações sendo feitas, pedindo misericórdia, piedade, compaixão.

Após uma semana de internação, fui submetido a uma tração que colocou a minha coluna no lugar. Fui imobilizado com gesso estrutural pesando, aproximadamente 20 quilos. Após alguns dias, foi dado um quarto diagnóstico para o meu caso: a morte já tinha superado, tetraplégico ou paralítico não ficaria, pois tinha recobrado os movimentos dos membros inferiores em função de não ter atingido a medula, mas foi aí que surgiu o quarto diagnóstico escondido nas mãos de Deus: ser PERFEITO!

Ninguém acreditava no milagre presenciado! Perdi 4cm de altura em função do achatamento de 5 vértebras. Ainda bem que minha mulher é de estatura mediana! Deus não permitiu – que na queda ou no traslado, apesar dos sacolejos e trancos recebidos durante a viagem até Salvador, atingisse a medula. Para, mais uma vez, ver o poder Divino na minha vida, na enfermaria ao lado da minha, estava hospitalizado um rapaz que tinha caído de um beliche e tinha fraturado uma vértebra e tinha ficado tetraplégico; e eu com cinco vértebras fraturadas, estava perfeito! Não canso de orar pela minha família, irmãos de fé, amigos e equipe médica que me atenderam com tanto profissionalismo, amor e carinho. Este acontecimento, fez com ficasse mais exigente nos manuais de treinamento que passei a elaborar.

Nesse ínterim, fiquei sabendo de uma coisa que me agoniou mais ainda: *"Quando você retornar para a Maraú, será demitido. A sua gerência será extinta"*. Seis meses afastado, com gesso estrutural do pescoço até a cintura, colete de aço, fisioterapia e esta frase na minha cabeça me torturando dia e noite..., sem poder dar um passo: *Quando você retornar será demitido... demitido...*

A essa altura dos acontecimentos – após a retirada do gesso estrutural – um grande amigo que respeito e admiro como irmão, José Lauriano Neto, levou-me para participar do Grupo de Ginástica Madruga da Barra, que se concentrava as 5h30 da manhã defronte ao Salvador Praia Hotel, na praia de Ondina, bem próximo ao meu apartamento no Edifício Serra de Ondina. Este grupo de executivos – diligentemente comandado pelo Prof. Ayrton Ferreira – recebeu-me de braços abertos. No primeiro dia de corrida, por estar usando ainda o colete de aço para dormir, consegui correr apenas 25 metros, a distância entre dois postes, e voltei para casa tão cansado que precisei dormir 4 horas para me recuperar! Ah, se não fosse a minha mulher me dando apoio! Não me curvava. Tinha medo que a minha coluna envergasse novamente! A persistência nos exercícios ajudou-me sobremaneira e em menos de um mês estava correndo cerca de 4.000 metros por dia e mais 15 minutos de condicionamento aeróbico no Farol da Barra e no *campus* da UFBA. Após os exercícios, umas braçadas no mar e uma água de coco na Praia de Ondina. Às vezes, às 5h30, jogava Tênis no Clube Espanhol. Lembro-me com saudades das brincadeiras com colegas como Hideo, José Ferreira, Nery, Lessa, Washington, Pedro Oliveira, Marcos Faiçal, Godofredo, Lucena, Lauriano, Álvaro Nunez Raimundo e tantos outros que à memória me falha. Começávamos o dia rindo, junto com as cantorias: *1, 2, 3, 4... 4, 3, 2, 1... Chopp, chopp, guaraná...* Obrigado a todos! Valeram os incentivos. Com essa ajuda, minha recuperação foi mais rápida.

No retorno a Maraú, a demissão se consumou. A carreira de organizador tem esses dissabores. Quando não tem ninguém na empresa ou está desorganizada, você tem emprego. Quando tudo está organizado, o trabalho termina. Só que outra porta foi aberta: fui contratado, em julho de 1981, para gerenciar a Divisão de Sistemas da Copener – Copene Energética S/A. Empresa criada com o objetivo de fornecer biomassa para propulsão da nova caldeira da Copene no Pólo Petroquímico de Camaçari, BA. O projeto era composto inicialmente de 43.000ha de área no Baixio de Irecê para produção de cana irrigada com águas do Rio Verde, afluente do Rio São Francisco, matéria-prima da produção de álcool para a Petrobrás e mais 120.000ha de reflorestamento na Região da Mata de São João/Entre Rios, composta de Eucalipto e Pinus para produção de toras, que se tornariam cavaco de madeira pulverizada para a nova caldeira.

Mais uma vez o santista espantou-se com o tamanho do empreendimento, pois se os 4.500ha da Maraú já eram uma imensidão, o que falar então de 5 hortos florestais com 120.000ha? Mas essa etapa também foi vencida, com apoio de Paulo Neves Silveira. Foram consumados os projetos de Cadastro Florestal, PCP – Planejamento e Controle de Produção, Agenciamento de Carvão e

Madeira, Pesquisa Florestal, Arquivo técnico sem contar os sistemas da área administrativa-financeira. Foram companheiros de empreitada, Pessoti, Admir, Luiz Rizzo, Scoton, Arruti, Clóvis Pires, Mário, Gabriel, Irundi, Tadeu, Roberto Cunha, Ricardo Berger, Sebastião Fonseca, Paulo Ott.

Mudanças políticas e econômicas no país, preço do barril do petróleo baixando, problemas internos a serem superados e novamente demitido. Com o "know-how" das demissões anteriores, família mais uma vez em estado de alerta, amigos como José Lauriano Neto e Carlos Manoel Rozindo Ewald dando apoio, consigo colocação na Pronor – Petroquímica S/A para gerenciar a área de Normas e Procedimentos, para consolidar a fusão da antiga Isocianatos do Brasil S/A, com a Pronor Produtos Orgânicos S/A, em Camaçari, BA, na época uma das 27 empresas do Grupo Mariani (BBI) tendo como Superintendente o Engenheiro Flávio Chaves.

Novo desafio no tocante a unificar as operações sistêmicas das duas empresas em Manual de Organização, contendo normas, procedimentos e formulários. Outra empreitada interessante foi reestruturar a Divisão de Relações Industriais, consolidando as políticas e procedimentos operacionais das duas organizações participantes da fusão. O terceiro desafio foi consolidar uma nova cultura organizacional, devido a Isocianatos ter sido organizada com cultura Du Pont e a Pronor com cultura Banco da Bahia. Assumi a Divisão de Desenvolvimento de Pessoal e por meio de treinamento corporativo levantamos as necessidades de toda a estrutura organizacional composta de 1.200 empregados e propusemos um Plano de Desenvolvimento Gerencial. A fusão mercadológica, contábil-financeira teve suas dificuldades normais, na hora de unificar os organogramas e tirar a cerca unificando os parques industriais é que foi o problema. Daí a necessidade de se mexer na cultura organizacional. Foram 14 meses de reuniões com todo o quadro funcional das duas empresas, no Hotel 4 Rodas atual Sofitel – Itapuã.

A essa altura assumi a presidência do Grêmio Pronor, no qual tive a colaboração muito intensa do Engenheiro Flávio Chaves, que nos deixou para assumir a Chefia das Relações Industriais da Petrobrás. No Grêmio Pronor, com a ajuda de Adelmo, Nadja, Isaura, Lea, Vinagre, Albani Camelo Sampaio, Ariwalter, Hélio, Nazareth, Jerônimo, Adauto, tivemos a oportunidade de congregar o quadro de pessoal em atividades, esportivas, sociais, coral, grupo de teatro, além de ter sido eleito para a vice-presidência da recém-criada Federação dos Clubes de Empresas da Bahia. Não me esqueço da emoção de ouvir vários corais no pólo petroquímico, encerrarem o I Encontro de Corais, cantando, todos juntos Aquarela do Brasil, na sede social do Grêmio Pronor em Piatã. Foram muito bonitas, também, as apresentações na UFBA e em Aracaju. Como sempre acontece na Bahia, todos os eventos eram comemorados com vatapá, caruru, moquecas, camarão a angolana, bolinhos de bacalhau e musse de chocolate preparados pelo casal José Serrano Barradas e regados a Antárctica. São dessa época colegas como Helmuth Müller, Maron, Pozza, Francisco Menezes, Romcy, Heraldo, Paulo Paiva, José Bonifácio, Viterbo, Lúcia Brandão, Gerson Ferreira, Paulo Bassique Cavalcante, Adilvo, Hélio Monteiro, Armando Marchi, Rawi Nazareth.

Mesmo não me dedicando totalmente ao treinamento para hotelaria, ministrava a noite e finais de semana cursos na ASTREIN – Assessoria de Treinamento no Centro Empresarial do Iguatemi de Salvador, comandada diligentemente por Bonnerges. Mudanças estruturais na Pronor e mais uma vez encontrava-me sem trabalho. A família em estado de atenção. Só que desse vez em 1987, a postura foi outra. A de voltar a ser empresário, só que com uma estrutura mais simples. Montei com minha mulher a FEEDBACK – Desenvolvimento de Pessoal, Organização e Informática e recomeçamos a vida profissional, novamente.

A essa altura um construtor amigo nosso, José Ferreira, da Chila Incorporações Ltda., estava para lançar um empreendimento imobiliário na Ladeira da Redenção em Salvador e surgiu em conversa a idéia dele construir o Ana Régis – Flat House e não um edifício comum. Fui contratado para elaborar o Plano de Marketing, com definição de diversos perfis de consumidores finais e orientar a equipe de vendas, que estava acostumada a vender m^2, para vender convívio, serviços de apoio, segurança e retorno de investimento. Com este plano, 60% das unidades habitacionais foram vendidas no lançamento do empreendimento e as demais unidades foram vendidas em um prazo de 120 dias, por ser uma novidade na cidade de Salvador. Em junho de 1988, retornei para fazer uma auditoria da implantação e organizar o empreendimento, criando instrumentos como: Programa-orçamento, Pesquisa Operacional com *poolistas* e moradores, manuais operacionais e treinamento de todo o quadro funcional.

Contente por estar de volta ao segmento hoteleiro, após a década de 80 perdida para o turismo, surgiu a oportunidade de implantar o Restaurante O'Keros na Praia da Armação, com cardápio de comida típica peruana *ceviche, poâ de caranguejos,* bem ao gosto do paladar dos soteropolitanos. O trabalho consistiu em um Plano de Marketing, organização geral do entreposto e restaurante, além de treinamento de todo o pessoal.

Nova crise econômica no Brasil! Os trabalhos começam a rarear novamente! Filhos na idade de começar a escolher profissão, 2.100km longe da família por 11 anos; vontade de voltar para casa. Sempre pedindo a guia de Deus, voltamos para São Paulo em meados de 1988. Meus filhos trocaram a Dorilândia de Ondina e o Colégio São Paulo da Pituba, pelo Colégio Batista nas Perdizes. Dificuldades imensas, pois, nessa época, São Paulo estava no auge do recesso e os trabalhos muitos raros. Certo dia, estava cabisbaixo pelas dificuldades de encontrar uma nova atividade, meu irmão Márcio Flores foi de grande valia espiritual no auge do desespero fortaleceu-me com orações dando-me novo ânimo. Lembrou-me de quantas vezes tinha estado em situações semelhantes e Ele tinha socorrido a mim e a minha família. Cabeça levantada, currículo debaixo do braço, sempre a procura de alguma oportunidade para manter a minha família.

Logo em seguida por meio de outro grande amigo, João Sammarone, firmei contrato com a Autolan que necessitava de reestruturação após a cisão com a Algodoeira Lantieri Ltda.

Estruturei para o Sr. Enzo, auxiliado por sua filha Adriana, a Gerência de Relações Industriais com descrição de cargos pelo sistema "Hay". Criei normas de Segurança Industrial com plano de desastre, esbocei os sistemas de transporte, recrutamento & seleção, desenvolvimento de pessoal, folha de pagamento, reestruturação física da gerência de Relações Industriais composta de novo layout da enfermaria, agência bancária.

Retornando a São Paulo, outros grandes amigos tiveram participação na vida da minha família. O arquiteto José Lucena e sua mulher Sônia, foram de uma dedicação incrível para conosco, ajudando-nos na reintegração em São Paulo. Não mediram esforços para nos ajudar e até hoje somos gratos a eles pelo amor com que nos receberam. Para marcar mais a nossa amizade, tivemos o prazer de tê-los como padrinhos no casamento de minha filha Daniela com Gerson.

Retornando a área hoteleira em 1988, após orientação de outro amigo *fantástico,* que trabalhou comigo no Citibank, Marcelo Mariaca, assumi a Gerência de Treinamento & Desenvolvimento de Pessoal da Rede Tropical de Hotéis - Grupo Varig. Treinei com minha equipe, cerca de 3.000 empregados dos seis hotéis, sobre a orientação do Sr. Luiz Wilmar Rodrigues Neto (*in memoriam*) na Diretoria de Operações e tendo o Sr. Devanir Menezes Ferreira como Diretor-Presidente. Foi uma das etapas mais empolgantes da minha vida profissional em função dos desafios apresentados. Lamento a perda de amigos como Alvin e Cardoso, dois entusiastas das atividades hoteleiras. Os trabalhos desenvolvidos tinham como objetivo, além do treinamento operacional, Programa de Integração, Programa Motivacional composto de: Desenvolvimento de Equipe, Desenvolvimento Gerencial, Desenvolvimento Organizacional, Chefia & Liderança e Controle de Qualidade. Tive grande apoio de Lino Pacífico – na época, Gerente do Tropical Manaus – na definição dos programas de treinamento, da Psicóloga Lílian Gama Pavarina, na implantação dos programas em Manaus e a dedicação de Ronald Fernandez Arteaga na implantação dos programas de treinamento e de qualidade por toda a Rede de Hotéis. Tive o prazer de conviver com Nestor, Fantin, Latorre, Atílio, Donil, José Augusto, Dutra, Guilherme, Henrique Granatovitch, Ulrich, Rossi, Cabral, Tavares, Lincoln.

Nessa época, revi um velho companheiro de política estudantil de Santos, Takeo Siosaki, médico do Tropical Manaus, que tinha sido Presidente do Centro dos Estudantes de Santos e do Grêmio Estudantil Vicente de Carvalho do I.E. Canadá em Santos, do tempo em eu pensava em estudar medicina. Lembramos com saudades dos tempos da fundação do TEVC – Teatro Estudantil Vicente de Carvalho e da peça de teatro que montamos com ajuda do ator Serafim Gonzalez: *Pluft, o fantasminha*, obra da saudosa escritora Maria Clara Machado, iniciando carreira um grande colega que tornar-se-ia, logo a seguir, ator profissional, Ney Latorraca. Emagreci muito nesta peça, pois fiz o papel do fantasma Tio Gerúndio – por falta de ator mais experiente – e ficava a peça toda dentro de um baú. Que sufoco! Não me esqueço de uma apresentação para as crianças do Orfanato, quando o Perna-de-pau (Ney Latorraca) ofereceu 5 moedas e em seguida 10, para quem soubesse aonde estava a chave do baú e um garoto da 1ª fila levantou-se e quebrou a seqüência do texto e disse: *Se você me der 20 moedas eu digo onde está!* Takeo simulava o diálogo com as bolhas, assoprando com o Trompete dentro de um balde com água. A saudade nos trouxe à tona a lembrança de debates no anfiteatro do I.E. Canadá com o colega Thomaz de Aquino Horta Nogueira (falecido em desastre automobilístico) e de tantos outros colegas de escola. Recordamo-nos das ameaças de suspensão por 5 dias do Diretor Prof. Edésio Del Santoro; das experiências químicas do Pe. Adauto, que às vezes, saía do laboratório meio acinzentado por misturas erradas de ácidos e bases; das frases em Latim de *Numa Pumpilio* analisadas pelo Prof. Esmanhoto; dos longos ditados do Prof. Nicolino; dos ensaios feitos ao piano pela Profª Yolanda, no Anfiteatro, na disciplina de Canto Orfeônico; dos jogos com a Profª Yolanda e Prof. Guaraná – que montaram equipes de Basquete no Clube Internacional de Regatas; da Fanfarra onde tocava cornetão na última fila junto com, Paulão, Rivaldo, João Carlos Sanches

Abraços, Roberto Sion e Eder no Pistão; comandando os desfiles dos uniformes vermelhos e brancos pelo Gonzaga; do jornal furado do Prof. Sólon de Francês para ver quem estava colando durante as provas; da inseparável mala do Prof. Azevedo de Inglês; das reprovações por meio ponto do Prof. Avelino de História e da Profª Arina de Desenho; das aulas da Profª Marli de Português e Francês; das de História da Prof. Fonseca; do casal Mazzeo e Prof. Guarín de Zoologia; tudo controlado pelo Bedel Abel e servido pela família Papasodaro na cantina. O I.E. Canadá era mais soberbo, imponente, pois tinha apenas o suntuoso prédio central e jardins bem-cuidados dos dois lados!

Apreciava muito o meu trabalho na Rede Tropical, mas me desgostava o fato de ter de ficar até 3 semanas longe da família. Nair – minha mulher – apesar de não demonstrar, ficava estafada cuidando sozinha da casa e de três filhos. Nas férias me acompanhava, mas, no período de aulas, tinha que dar atenção aos nossos filhos. Decidi, então, aceitar a proposta de Elenilton Tenório de Melo, para gerenciar a Thomas Father do Brasil, uma franquia da Pool Associados em São Paulo. O trabalho consistia em coordenar cursos intensivos por todo o Brasil nas áreas de Administração Hospitalar, Hoteleira, Rural, áreas em que tinha experiência, e que me dava a oportunidade de passar mais tempo com a minha família, viajando apenas nos finais de semana. Os cursos aconteceram em cidades como Porto Alegre, Curitiba, Cuiabá, Cáceres, São Paulo, Rio de Janeiro, Brasília, Belo Horizonte e Belém do Pará, e eram ministrados por professores de todas as universidades de São Paulo. Convivi com os Professores: Ernani Beirodt, Paranhos, Dymacau, Carlos Arildo, Orlando Donizetti, Nazareth, Walter Lerner, Mario Granda, Celso Silva, Sônia Marli e tantos outros. Tudo ia muito bem, quando novamente o recesso econômico deu sinais de vida, e voltou a atormentar a vida dos empresários e de todo o povo brasileiro. Os cursos foram minguando e vi-me, novamente, à procura de uma outra colocação no mercado.

Época difícil, quando amigos como Jamile e José Roberto Patini (*in memoriam* a este que foi um verdadeiro amigo e que por diversas me orientou guiado por Deus), muitas vezes, nos confortaram e foram de grande ajuda para superarmos as crises. Tenho a certeza de que Deus sempre ajudará esta família muito querida a vencer todas as batalhas pela vida. Superarmos sim (no plural), pois quando o pai ou a mãe perde o emprego, ou um dos cônjuges falece, toda a família fica apreensiva.

Mais uma vez, clamando providências divinas. Ninguém sabia da nossa aflição, a não ser Deus. Clamávamos dia e noite pois tínhamos certeza que, no tempo certo, viria às nossas mãos aquilo que a nossa família necessitava. Dentro de alguns dias, meu irmão Márcio que gerenciava o Banco do Brasil de Monte Sião, MG, liga-me, sem saber que estava sem trabalho, contando uma conversa com o amigo Delso, que morava em Blumenau, SC, de que a Malharia Diana S/A, em Timbó, SC, estava precisando de alguém para organizar a fábrica de fios, tinturaria, malharia circular e retilínea e a área de confecções.

Mais uma vez, currículo debaixo do braço, passagem na mão rumo ao sul para entrevista com a diretoria da Malharia Diana S/A e visitar o parque industrial com mais de 1.400 empregados, na época. Negócio fechado após análise da proposta. Voltei a São Paulo, cabeça cheia de planos e projetos, contratar mudança, transferência dos filhos do Colégio Batista de São Paulo para o Santo Antônio, em Blumenau, e no início de agosto de 1990, família pronta para novo desafio de linguagem, cultura, clima e eu a uma nova atividade organizacional.

A essa altura mantive um relacionamento muito estreito e saudável com a Sr. Gerald Blaese (*in memoriam*) um empresário que possuía uma capacidade de raciocínio fabulosa e com ele poucos tiveram a oportunidade de conviver. Lembro-me das reuniões que fazíamos em seu gabinete e que quando estávamos em algum dilema, dizia: *"Paulo, vamos até o jardim, para refrescar um pouco a cabeça?"* Deslocava-se com dificuldade com a sua bengala, em função do derrame que tinha sido acometido, contava piadas de velhinhos que ficavam na calçada apoiados na bengala, riamos por alguns instantes e voltavamos para seu gabinete para continuarmos os trabalhos. O dia da sua morte e do seu enterro em Timbó, SC, foi marcado por uma comoção geral, por ser uma pessoa muito querida de toda aquela comunidade onde boa parte sobrevivia em função de trabalhar em sua fábrica.

Dona Romilda demonstrou pulso forte para superar essa fase difícil de sua vida com seus filhos Moacir, Marcelo, Diana e Marcia. Trabalhando diretamente com Moacir Blaese na Diretoria Comercial, definimos nova estrutura organizacional, implantamos a marca Diana-Shop para uma rede de lojas de franquia, começamos a exportar para Uruguai, Argentina, Paraguai, Chile, França, Alemanha e Inglaterra. Produzíamos 320ton de fios por mês, sendo que 50ton abasteciam o setor de confecção de 180.000 peças de vestuário. A repercussão do trabalho foi tão grande, que fomos chamados na FURB – Universidade Regional de Blumenau, para fazer palestras explicando como foi o desenrolar dos trabalhos, professores e alunos estavam curiosos.

Paralelo aos trabalhos da Malharia Diana S/A, ministrava aulas na FIESC / SENAI / IEL-SC, sobre a coordenação de D. Léa, no curso de Qualidade para Supervisores. As coisas iam dentro de um ritmo gostoso, quando ocorreu a cisão da empresa. Mais uma vez fiquei sem trabalho. Nesse ínterim, meu pai faleceu em Santos.

Outro marco importante na minha vida, pois não tinha perdido apenas aquele que tinha me gerado, mas aquele que tinha me educado e iniciado profissionalmente. Perda irreparável! Conformados com o ocorrido, decidimos voltar para Santos, nossa cidade natal, após uma consultoria para o Grupo Narbal Souza, envolvendo o Viena Park Hotel de Blumenau, Parque Hotel de Timbó e o Vila Paradiso em Rodeio. Apesar de estarmos adaptados aos usos e costumes da região, minha mãe teria dificuldade, na sua viuvez, de se adaptar com clima de Blumenau, principalmente com o frio. Mas uma vez mudança embalada, deixando muitos amigos como Gilmar, Peter, Sá, Pedro e Lucilia e os irmãos da nossa igreja que tão bem nos acolheram e que até hoje sentimos muitas saudades.

Chegando a Santos – depois de 28 anos – providenciei as aposentadorias – minha e de Nair e decidimos dar continuidade a nossa pequena empresa de consultoria de treinamento e organizacional, FEEDBACK – Desenvolvimento de Pessoal, Organização & Informática. Paralelo a essa atividade, Nair dedicou-se em um trabalho muito bonito: preparar pelo SENAC as meninas da SAL – Sociedade Amigos das Legionárias de Santos para ingressarem no mercado de trabalho, que lamentavelmente encerrou as suas atividades. O seu trabalho não consistia apenas em instruir profissionalmente, mas também de orientação de vida, em função do nível social em que as legionárias viviam. O objetivo principal era preparar as meninas para o mercado de trabalho de modo digno – muitas chegaram à Universidade – além de aumentar a renda familiar de famílias carentes.

Através de José Lucena, que reputo um dos maiores arquitetos do Brasil e com uma sensibilidade de projeto que como poucos há no mundo, tomei conhecimento de que o Grupo PPY – Beauty World estava a procura de um executivo para organizar as suas fábricas em Guarulhos, nos aspectos administrativos. Tive oportunidade de conviver com outro casal de empresários muito dinâmico, com uma vivência empresarial de dar gosto, Clarisse e Osvaldo Peroza. Os trabalhos foram iniciados em 1995 com um treinamento das gerências de todas as unidades fabris e dos escritórios, para detectar aspectos da cultura organizacional familiar implantada. Foi delineada nova estrutura organizacional, sistema de custeio e formação de preços e organização dos almoxarifados e depósitos. Por serem estocadas matérias-primas e produtos acabados de beleza com prazos de validade relativamente curtos, significou um grau maior de dificuldade quanto a sua organização.

Pensei em parar de trabalhar pois estava *aposentado*. Uma ilusão que tinha – antes de me aposentar – era a de que iria à praia todos os dias. Fiz isso por 12 dias, entre o período de Natal e Ano Novo. Para exercitar meu corpo, andava 14 a 16km/dia. Ficava com o corpo todo dolorido! Que decepção! Tentei fazer novos amigos, pois não encontrava mais ninguém do meu tempo. Parei no Canal 3 e observei várias pessoas jogando carta, dominó. Não era o que gostava de fazer! Jogar futebol, então, pangaré como era, viveria roxo! Jogar Tamboréu, se ainda fosse Tênis, como fazia no Clube Espanhol em Salvador! Discutir política, não era o meu forte, futebol menos ainda! Ficar o dia todo lendo jornal e assistindo televisão, também não me satisfazia. Ficava, então fazendo *Serviços Hoteleiros* em casa. Lavava o carro todo dia e o encerava uma vez por semana! Que dor nas costas!

Fui a procura de amigos na AELIS – Associação Educacional do Litoral Santista, em processo de mudança para UNIMONTE – Centro Universitário Monte Serrat, quando outra pessoa fabulosa aparece na minha vida: Prof. Dra. Maria Otilia Pires Lanza, que a conhecia dos tempos da Faculdade Morumbi em São Paulo (1974). Após notificado da morte do Prof. Vitorio Lanza (fato que muito me entristeceu) fui admitido para ministrar aulas no curso de turismo, sobre a matéria Planejamento & Organização do Turismo e Hotelaria, nos 2º e 3º anos. Notei o interesse que o assunto despertou nos meios acadêmicos santista e, em 1996, foi lançado no curso de Especialização em Hotelaria, com a dedicação excepcional do Prof. Danilo Nunes.

Em 1996, ainda, estruturei o curso de *Lato Sensu* de Administração de Empresas Turísticas. Em 1997, os cursos começaram a ser ministrados dentro de um ambiente hoteleiro, tendo como parceiros o Hotel Casa Grande no Guarujá e o Grupo Mendes em Santos, para permitir maior interação dos alunos com complexo das atividades hoteleiras. Para completar esta fase da minha vida, fui convidado, em 2000, para Coordenar o Curso de Hotelaria. Meu ânimo mudou! Novos planos, visitas técnicas, estágios e práticas operacionais, Feiras como Hotel Travel Show, intercâmbio com a Disney, Agência de Turismo Modelo.

Relembrei que o prédio do Colégio Tarquínio Silva passou pela minha vida em três fases: na primeira vez no Ginásio, onde – pasmem – formávamos fila por classe e em ordem de altura. As meninas na frente e os rapazes atrás. Tomávamos a distância de um braço. Em posição de sentido, cantávamos o Hino Nacional, supervisionados pelo Sr. Geraldo. Entrávamos em silêncio passando pela Capela e de cabeça baixa pela Diretoria. Na segunda fase da minha vida, aquela mesma sala servia para o Diretor Sr. José Roberto dirigir o Curso de Administração.

Quando voltei pela terceira vez, já como professor da UNIMONTE, o pátio não existia mais, assim como a Capela. O corredor ao lado da escada, pegado a sala do Prof. Paulo – nosso Diretor na época – onde fiquei várias vezes de *prontidão* por ter feito alguma coisa fora do comum – para os padrões educacionais da época – continua o mesmo. A sala da Diretoria já teve várias funções. Como docente da UNIMONTE, passei a conviver e a interagir com Professores como: Maria Olímpia, Vânia, Vilson, Fernando, Maneco, Roberto, Evanir, Arnaldo, Érico, Gil, Valdir, Vitor, Alexandre, Maria José, Nívio, Telma, Selma, Agenor, Edgar, Dulce, Daniela.

O SENAC foi outra entidade que me recebeu de braços abertos. Tanto na cidade de Santos, sob a gerência de Elias Tamer com suporte de Regina e Cristina, como em São Paulo, na gerência do José Rui com suporte de Cristina Munte, como no Hotel Escola Águas de São Pedro, nas pessoas de Trigo, João Carlos, Morais. Comecei a ministrar aulas de Hospedagem nos cursos de Tecnólogos e no cursos de Pós-graduação. Nas parcerias com o SEBRAE, atendi treinamentos em Vitoria do Espírito Santos, Palmas no Estado de Tocantins e Boa Vista em Roraima. Também fui contratado para escrever os manuais de Hotelaria do SEBRAE para o Programa *Pequenos Hotéis, grandes estrelas.* Voltei a me sentir útil!

Nessa andanças, começo a encontrar antigos companheiros como João Batista Paranhos e Celso dos Santos Silva, do Sindicato de Hotéis e Similares de São Paulo e da ABRESI – Associação Brasileira de Gastronomia, Hospitalidade e Turismo, Sônia Marli de Arruda e Miranda, Jonas Julian Oliva. Por indicação do prof. Celso Santos comecei a ministrar aulas nas Faculdades Ibero-Americana onde ministrei a matéria Meios-de-hospedagem I nos anos de 1996 e 1997.

Primeira quinzena de setembro de 1995, conheço a Profª Dra. Marilia Gomes dos Reis Ansarah no 2º Congresso Brasileiro de Dirigentes de Escolas de Turismo e de Hotelaria, realizado no Palácio de Convenções do Anhembi. Após a sua palestra e numa conversa informal, durante o intervalo notei que estava precisando de um professor com a minha experiência. Marquei entrevista na UNIP – Universidade Paulista e fui contratado para ministrar as aulas de Oferta Diferencial do Turismo e Hotelaria. Depois de um tempo, assumi a cadeira de Administração de Empresas Turísticas, ambas no 2º ano. Em 1997, assumi as cadeiras de Administração Geral e de Hospedagem do 4º ano. Só que a Profª Marília orientou-me: *"Paulo, se você quiser seguir a carreira de educador, precisará fazer um mestrado em educação. Converse com a Profª Sonia Maria de Souza na Pró-Reitoria de Pesquisa e Pós-Graduação que ela o orientará".*

Fiz o teste de qualificação, fui aprovado e comecei uma nova experiência na minha vida. Era mais um sonho transformando-se em realidade. Eu que lidava com treinamento operacional e comportamental, comecei a despertar para aspectos filosóficos, psicológicos e estruturais da educação transmitidos com muita sabedoria pelos Professores Doutores Jacques Vigneron, meu orientador, Luiz Octávio de L. Camargo, colega de docência do SENAC, Sonia Maria R. de Souza, Christina M.B. Cupertino, Ana Gracinda Queluz e Maria Cecília Sanches Teixeira. Se cheguei até aqui devo muito a dedicação desses educadores, que não mediram esforços para passar suas vivências e de colegas que me incentivaram como: Adriana, Beatriz, Célia Maria, Edelcio, Elvira, Fermino, Giovanna, Maria de Lourdes, Sonia, Vera Rocha, Vera Rios, Queila e Ylara.

Como resultante deste esforço de 3 anos, consegui produzir este trabalho que você está lendo, pois era outro sonho antigo. Segundo a tradição de realização, todo homem deve plantar uma árvore e escrever um livro. Já tinha plantado milhões de árvores na Maraú e na Copene Energética. Faltava escrever um livro. Espero que tenha sido do seu agrado.

No dia em que apresentei este trabalho na UNIP da Avenida Paulista – Edifício Gazeta e tirei a nota máxima, chorei bastante – de alegria – mas logo em seguida senti um vazio na minha cabeça. Perguntei, para o Prof. Jacques Vigneron: *E agora, o que vou fazer?* Ele me chamou para um abraço e disse: *Faça Doutorado...* No dia seguinte matriculei-me para o processo seletivo da USP-ECA. Fui aprovado como aluno especial e continuei a me desenvolver tendo como professores Mitsuro e Miriam Rejovisk. Por não conseguir orientador, fiz nova seleção para o Doutorado na Universidade São Marcos, onde estou tendo como orientadora a Profª Dra. Laima Mesgravis, sobre a coordenação da Profª Dra. Alzira Lobo de Arruda Campos, duas excelentes educadoras.

Em função da continuidade dos estudos, ministrei aulas na UNOPAR – Faculdades Integradas Norte do Paraná no curso de Pós-graduação (*Lato Sensu*), Turismo: Planejamento e Marketing; UNIOESTE, Universidade Estadual do Oeste do Paraná no curso de Pós-graduação (*Lato Sensu*) - Administração nas Empresas de Turismo; UFS – Universidade Federal de Sergipe (Aracaju) no curso de Especialização de Gerenciamento de Empresas de Turismo, Pós-graduação (*Lato Sensu*); UNIFOR – Universidade de Fortaleza no curso de Especialização em Administração Hoteleira, Pós-graduação (*Lato Sensu*).

Dentro deste novo enfoque da minha vida, decidi me dedicar exclusivamente à área acadêmica. Notei que a minha vivência empresarial diversificada, quando demonstrada em sala de aula, enriquecia as aulas e despertava a atenção dos alunos. Notei que os alunos não estavam em busca apenas do conteúdo programático, comecei a notar a diferença entre treinar, ensinar, educar e formar mão-de-obra para um mercado seletivo como o hoteleiro. Notei que apenas ministrar as aulas com a qualificação de *notório saber*, não me satisfazia e que o que eu queria fazer daí para a frente era me dedicar exclusivamente às atividades acadêmicas.

Em fevereiro de 1998, fui convidado e aceitei com muito entusiasmo, ministrar aulas no Curso de Administração Hoteleira da Universidade São Marcos, em São Paulo, na cadeira de Técnica Operacional de Habitação. Em 1999, recebi a Coordenação dos cursos de Hotelaria & Turismo. Registro neste momento a atenção especial recebida de Professores como Ivan Sbrana, Décio Silva e Paulo Nathanael Pereira de Souza. Tive pessoas que foram grandes incentivadores do meu trabalho como os Professores Ernani Bicudo de Paula, Luciane de Paula Chermann, Marcio

Luiz Miranda de Paula, Álvaro Cardoso Gomes, Edson de Freitas, Ricardo José de Oliveira, Flávio Augusto do Valle, além de todos os alunos e professores. Lamento a perda de colegas de magistério como Maria Luiza de Lima Vitule e Philadelpho Menezes.

Novos projetos desenvolvidos na Universidade São Marcos. Revisão dos conteúdos programáticos, construção de Laboratórios Pedagógicos, Hotel-Escola em Massaguaçu, Caraguatatuba, Estágios Internacionais para os alunos na Disney, Institut Vatel na França e a bordo de Costa Tropicale. Com apoio de dois expoentes da Hospedagem, Gastronomia e Turismo Dr. Nelson de Abreu Pinto e Luiz Figueira de Quental, pessoas que muito respeito e admiro, participamos de Feiras como a FISPAL – Festival Internacional de Pizza Italiana, Congressos Brasileiro e do Mercosul de Gastronomia, Hospitalidade e Turismo, CIATH, Equipotel, Festival de Gastronomia. O Turistrem com o apoio de D. Nilda, Congressos Acadêmicos a bordo do Costa Alegra, Esplendour of the Seas e Costa Tropicale, Hotel Travel Show, Cursos de Monitoria em Hotéis no Hotel Joy Águas do Vale (Sacramento, MG) sempre com o apoio excepcional de Renato Godoy e Romecy Pinto e mais o que vier pela frente! Em todas essas atividades tive sempre a dedicação de alunos, professores e mantenedores que não mediram esforços para que fossem realizadas. Verdadeiros trabalhos de equipe!

Como homem ligado ao Turismo e à Hotelaria, não faltaram viagens técnicas por todo o Brasil, América do Norte, Canadá, Portugal, Espanha, França, Itália, Suíça. Mas, certa vez, no ano de 2000, estava em um lual, à beira da represa que banha o Hotel Joy Águas do Vale, Sacramento (MG), com um grande grupo de estudantes da UNIMONTE, Universidade São Marcos e de outras Faculdades, reunidos ao redor de uma fogueira, quando, ao som do violão melodioso tocado por Rafael, Marquinho começou a fazer reflexões sobre a vida.

Os alunos levantavam-se, tendo a chama da fogueira e a lua como únicos pontos de iluminação, e enquanto um contava uma história da sua vida que lhe tivesse ficado marcado, os demais em silêncio, esfregando as mãos por causa do frio da madrugada.

Quando me vi no meio de todos aqueles jovens, entusiasmados com o Turismo, e preocupados em como poderiam contribuir para o seu desenvolvimento no nosso Brasil, ensaiei levantar e falar algumas palavras, só que um vento brando trouxe um pouco de *areia em meus olhos*, fiquei engasgado, sem voz e não pude testemunhar a alegria que estava sentindo naquele momento!

Lembrei-me de quando, em 1974, montamos o primeiro curso de Implantação e Administração de Hotéis na Faculdade Morumbi, nós Professores, Coordenadores, Diretores nos questionávamos: *Será que vai dar certo todo este nosso esforço?* Naquele momento, estava com Romecy ao meu lado e comentei com ele do orgulho de ver o movimento de todos aqueles jovens, de todas as idades, vibrando com o Turismo, que hoje chegam a quase 300 cursos pelo Brasil e com a Hotelaria já com quase duas dezenas, senti muito orgulho da evolução daquela pequena semente plantada há mais de três décadas. *Valeu!*

Passaram-se 40 anos desde a primeira página deste trabalho! Em toda a trajetória da minha vida, tive o convívio de pessoas que com sua espiritualidade, trabalho, amor e dedicação serviram-me de esteio nas horas mais difíceis: Luiz Galzinato Jr., que chamo carinhosamente de *Irmão Luizinho*, nos seus oitenta e tantos anos, tem estado ao meu lado desde o meu nascimento e nas horas de maior aflição tem sido um instrumento nas mãos de Deus. Daria outro livro se começasse a enumerar as vezes em que fui servido por ele em orações e orientações. Ainda, em janeiro de 1997, após uma arritmia cardíaca que me deixou internado na *UTI* por 10 dias, fiquei cerca de 4 horas inconsciente na Santa Casa de Santos; não reconhecia ninguém. Mas quando o irmão Luizinho chegou ao meu leito na UTI e me disse: *"A paz de Deus, Paulinho!"*, respondi: *"A paz de Deus, Irmão Luizinho"*. Foi uma alegria geral pois não respondia a nenhum estímulo há algum tempo. Respeito-o e o amo como a meu pai. Obrigado por tanto amor!

Márcio Flores, meu irmão, tem sido de uma dedicação fora do comum para mim, minha mulher e meus filhos. Mesmo com as suas dificuldades, não tem medido esforços para dar-me uma palavra de conforto ou simplesmente ouvir as minha lamentações pelo momentos difíceis que tenho passado. Sei que Deus está com ele, pois o alento que me tem proporcionado por toda a vida, só pode vir de alguém que com Ele está ligado. Outro que tem sido presente na minha vida é meu tio Alberto Wisbeck, que tanto quanto meu irmão Márcio, tem me confortado nas horas de angústia e me incentivando nas horas de alegria. Tenho bem presente na memória as inúmeras vezes que me serviu e a minha família com amor, dedicação e sabedoria. Obrigado Márcio, obrigado tio Alberto por tanto amor e dedicação.

Também não esqueço das Palavras de conforto vindas através de meu tio Alberto Wisbeck, de meus primos Accácio Dias Pitta, Naylor Dias e de Irmãos consagrados como: David Finotti, Eduardo Bittar, Joel Vicente Bagnato, Joaquim Carvalho e Odilon Rodrigues (*in memoriam*), José Gomes, Raul Nazareth Daniel Ferreira, Walter de Souza, Alexandre de Jesus, João Batista Galzignato, Clovis Félix da Silva, Irai Alves, Onivaldo de Oliveira, Meinradt Duwe, Paulo Ruthzatz Filho, Oswaldo Travasso, Paulo August, Thiago Lungareze, Eliel Castaño, Junzi Ohamoto e tantos outros que foram usados para confortar a mim e minha família nos momentos de angústia e aflição. Que Deus vos abençoe e que este Dom maravilhoso e divino permaneça até o fim das vossas vidas!

Deixei para o final um agradecimento especial para a minha mulher Nair, que é minha grande incentivadora. Se hoje sou o que sou, devo muito a ela. Queria inverter a fala popular: *por trás de toda mulher de sucesso, sempre existe um homem dando apoio.* É a minha consultora e hoteleira preferida. Melhor que todos os referenciais teóricos e bibliográficos disponíveis. Pois a nossa relação não é apenas intelectual, mas uma relação espiritual de amor, coisa que os livros não podem passar. Obrigado amor, pelos filhos lindos que você me deu, e que serão a continuidade das nossas vidas.

Obrigado Paulinho, Adriana, Daniela meus filhos e obrigado a minha netinha Larissa. Vivam, lutem, vençam! Três coisas faço questão de deixar de herança para vocês: a primeira e a mais importante, a Graça de Deus, sem ela nada sereis. A segunda, saúde física e mental para terem forças de lutar por uma sobrevivência digna e independente. A terceira, cultura e conhecimentos profissionais sólidos sem os quais, as metas e objetivos das vossas vidas, poderão se tornar mais difíceis.

Iniciei estas memórias com meu pai, que já não está mais no nosso meio, e termino homenageando a minha mãe Zuleica Wisbeck Ozores Flores, pois sem o seu amor, dedicação e orientação tudo na minha vida seria mais difícil. Desde o seu ventre sinto o seu amor, em todos os momentos. Uma infância atribulada por doenças – como foi a minha – e se não fosse a sua dedicação não estaria escrevendo estas memórias. E, quando aflito, durante toda a minha vida, lhe perguntava sobre os porquês de todos esses reboliços da vida, ela respondia do alto da sua sabedoria: *"Meu filho, as coisas não acontecem por acaso. Tudo tem um tempo certo. Tudo isto que aconteceu na tua e nas nossas vidas, fazem parte de um plano de Deus. Devemos dar graças a Deus por tudo, tanto nos momentos de alegria como nos de tristeza. O Senhor nos dá, o Senhor nos tira, prova a nossa fé e nos dá de novo".* Mãe querida, que Deus nos dê a oportunidade de convivermos com a senhora por muitos e muitos anos, pois o dia que o Senhor a levar não teremos outra igual para nos orientar e socorrer com orações fervorosas. Obrigado por tudo!

Muitas dessas empresas e pessoas não existem mais, mas ficaram suas lembranças, atitudes e valores que marcaram minha vida. Se hoje sou o que sou, devo muito a eles. Tenho convicção de que, também, em toda essa trajetória, participei da história de vida de muitas pessoas. Do mesmo modo que fui ajudado, creio, também, que ajudei e pude contribuir para uma sociedade mais digna ajudando outras pessoas a se formarem e a conseguir vencer na vida. Ao vê-los desempenhando suas funções nas empresas turísticas, sinto emoção e um grande orgulho por ter tido a oportunidade de contribuir para o sucesso pessoal de cada um deles. Valeu a empreitada!

Por que escolhi o mercado de serviços? Porque o considero como o mais difícil de ser administrado. Exige atualização constante e inovação para se estar no topo do mercado. Por que escolhi o segmento de Hotelaria? Porque mexe com o fator humano, minha grande paixão. Por que escolhi Turismo e Educação? Porque gosto de desafios!

Espero que este trabalho, em linguagem simples, possa contribuir para o sucesso de todos os leitores. Por favor, não o encarem como um exibicionismo de minha parte, mas como uma demonstração de que estamos sujeitos a vicissitudes na vida. Estamos, todo dia, aprendendo, sujeitos aos revezes da vida. O sucesso é resultante da combinação de diversos fatores.

No final de 1999, fizemos um jantar de confraternização dos Formandos de Administração de 1974. Foi muito bom rever antigos companheiros da FMU, só que – imaginem só – fomos obrigados a usar crachás para nos identificarmos! A maioria que tinha corpo atlético e postura impecável estava careca, barrigudo, barbudo, com cabelos brancos ou tingidos, com maridos e mulheres a tiracolo, uma grande parte vovós encantados – como eu –, e precisamos nos olhar no fundo dos olhos e ouvir um pouco da locução verbal de cada um, para relembrar qual era o nome de guerra que não estava escrito nos crachás! Rimos bastante, nos abraçamos e recordamos façanhas antigas que fizeram época em nossas vidas. Comemos, dançamos, cantamos músicas das *Paradas de Sucessos* da época, nos emocionamos por ocasião da despedida. Foi muito bom! Fica aqui uma sugestão aos estudantes que estão lendo estas memórias: *não percam o vínculo formado no tempo de escola.* Após formados, a vida encaminha cada um para um lugar do mundo. Quando vocês vão se reencontrar? Surpresa!

Quero dizer uma coisa para os mais velhos, que ficam em casa resmungando de tudo, cochilando em frente à televisão, com o jornal na mão e óculos embaçados, tortos, caídos, criticando o governo, bisbilhotando a vida dos outros, tomando milhões de remédios para dores imaginárias, lamentando-se da sua sorte e infortúnio, esperando a morte: *Senhores, quantas coisas tive oportunidade de fazer depois que me aposentei! Quantos alunos tive o prazer de orientar, não apenas no tocante a assuntos acadêmicos? Quantos alunos vi entrar na Universidade de bermudas, tênis, piercing por todo o corpo, cabelos em desalinho, linguajar chulo e depois de quatro anos saírem educados, com postura social, profissionais competentes, dominando idiomas, computação, corteses, amáveis, com o lado emocional trabalhado. Este retorno não tem preço!*

Ao invés de os senhores ficarem esperando os Correios trazerem contas e mais contas, além de inúmeras malas diretas sem sentido, creio que será bem melhor receberem cartas – ou "e-mails" de ex-alunos. Descubram como é gostoso trabalhar com o magistério. Hoje, alunos, amigos, amanhã. A vossa família aumentará de um dia para o outro. As cartas que serão recebidas, comentarão que eles estão se realizando por todo o mundo, contarão com orgulho e entusiasmo os projetos que estão realizando e vocês, ao verem suas fotos com dificuldades – por deficiência visual ou por causa das lágrimas – poderão constatar que outras histórias de vida estão sendo escritas, onde vocês aparecerão, não como protagonista, mas como sujeitos ocultos de todo aquele sucesso!

No decorrer do *VIII Congresso do Mercosul de Gastronomia, Hospitalidade e Turismo,* antecedeu a minha fala o Dr. Sérgio Machado – Advogado e membro da CADEF. Contou-nos uma fábula que muito me marcou. Contou que certa vez ocorreu um enorme incêndio na floresta. Todos os animais alvoroçados começavam a fugir em busca de se salvarem do fogo. Um animal maior observou que um pequeno pássaro, incansável, voava até um açude próximo e trazia na ponta do bico uma gota de água e a jogava sobre a floresta em chamas. Fez isso infinitas vezes, até a exaustão, até que o interpelou e disse: *Você acha que com estas gotinhas você conseguirá debelar o fogo?* O pássaro parou um instante e respondeu: *Sei que não vou conseguir debelar o fogo com a minha atitude, mais terei dentro de mim a convicção, de que fiz – dentro das minha parcas possibilidades – a minha parte!*

Trabalhem duro para perseguir e atingir os seus objetivos! A vida é bela, basta cada um fazer a sua parte da melhor maneira possível. Não se conformem com as situações, esforcem-se, exponham suas idéias, lutem por elas. Deitem a cabeça no travesseiro à noite, com a consciência tranqüila, realizados e conscientes de terem sido úteis à sociedade.

Que tal vocês escreverem suas memórias? Levei um susto quando comecei a enumerar os fatos da minha vida. Desculpem-me se não foi do vosso agrado. Para mim, foi um ensaio fabuloso. Para quem viu a morte de perto por várias vezes, chegar até aqui foi uma grande vitória. A vida continua. Até a próxima edição. Não esqueçam: administrem com a alma!

"Os homens passam, mas as suas obras permanecem!"

"Fui moço e agora sou velho;
mas nunca vi desamparado o justo,
nem a sua descendência
a mendigar o pão".
SALMOS, 37:25